京町家を愉しむ

行動建築学から見る町家の再生と暮らし

伊藤 正人

和泉書院

ゆく河の流れは絶えずして、しかももとの水にあらず。よどみに浮かぶうたかたは、かつ消えかつ結びて、久しくとゞまりたるためしなし。世中《よのなか》にある人と栖《すみか》と、又かくのごとし。

——鴨長明『方丈記』

目次

はじめに

京町家を愛する人々へ

京都に暮らし始めて、はや五年になる。これまで、二〇一〇年十二月に九条の町家を取得（所有権移転登記）してから、改修をめぐる紆余曲折があり、実際に改修を始めるまで、さらに半年（二〇一一年六月改修開始）が経過してしまった。そして改修が済み、引っ越しをしたのが、二〇一一年九月中旬であった。京都で町家探しを始めてから、約二年の期間を含めれば、ここまで足かけ四年の一大事業ということになる。長いようで、短く、また楽しくも、不安でもあり、思い悩む日々でもあった。一般に、家の新築や改修という事業となれば、それは大変なことなのであるが、特に町家の取得及び改修となると、情報が少なく、またもう一段難しいように感じられた。

この本は、私が体験した町家の取得から再生、そして暮らしまでをまとめたものである。これまでの類書にはほとんど触れられていない、町家の再生にまつわる影の部分にも言及した。町家の再生・保全を行おうとすれば、避けては通れない問題だからである。その上で住んでこその町家の魅力と価値を、そして暮らすことこそ最良の町家の保全であることが伝えられたら、この本の目的は達成されたといえよう。私の体験がこれから町家暮らしをしたいと思っている人たちにとって、町家の再生にまつわる様々な困難や不安を乗り越える一助になれば幸いである。そして、そのことが今後の町家の保全に少しでも役に立つことになれば、望外の喜びである。

副題に「行動建築学」という、あまりなじみのない学問名称を用いたので、このことについて、ここで少し説明しておきたい。

随分前のことであるが、故佐藤方哉教授（慶應義塾大学名誉教授）から、行動分析学（心理学の一分野）の応用展開をシリーズ化して出版する企画の話があった。そのときに、提案したのは、「行動建築学」という構想であり、これまで行動分析学が行動薬理学、行動経済学、行動生態学など他分野との学際的研究分野を様々に生み出してきたように、行動分析学と建築学との融合（学際的研究分野）を意図したものであった。当時、建築学界は、形の斬新さや奇抜さが評価され、建築物は、人々の営み（行為）を実現する空間であるのに、人の行為（行動）との関わりがあまりにも希薄であると感じていたからである。

その企画は、残念ながら実現しなかったが、それからしばらくして、大阪の放置自転車問題を取り上げる機会があり、その成果をもとに、朝日新聞に「まちづくり：人の行動心理まず考えて」と題する一文を寄稿した（二〇〇四年六月二十三日付け朝刊）。これは、放置自転車問題を始めとする、ニュータウンの踏み跡の道や通勤・通学時に見られる危険な道路横断の現出など様々な都市問題・社会問題の解決には、人の行動（行為）の理解が欠かせないことを指摘したものである。この一文の視点は、思い返せば、以前の「行動建築学」という構想にあったものである。それは、建築を人の行為という視点から捉えようとする考え方であり、建物の有り様は、そのときの自然環境や人為環境（例えば、時代の制度的制約など）と人々の行為により作られるとする見方である。

そうした見方を具現化した事例の一つは、鴨長明の「方丈の庵《いおり》」であろう。「仮の庵も……程狭しといへども、夜臥す床あり、昼居る座あり。一身を宿すに不足なし」（方丈記）と、閑居が音楽や花鳥風月を友とした隠遁生活にふさわしいという。それは、町家にも通じる。町家は、その時代の制約と都市に居住する人々の職業行為、商業や手工業の要請から生まれたものだからである。

行動建築学は、「町家はこうあるべきだ」という見方（規範的見方）をするのではなく、環境（身分制度や禁令など時代の制約）と人々の様々な職業行為とが絡まり合いながら、「町家はどのように変遷してきたのか、これからも、どのような形で再生・保全されていくのか」という見方をとるのである。これは、**規範的な見方ではなく、記述的見方であるといえる**。そして、ここで述べた一町家の再生・保全の事例は、このような行動建築学の実践に外ならない。「閑居の気味《きび》も又同じ。住まずして誰かさとらむ」と鴨長明が述べたように、「**町家の気味も又同じ。住まずして誰かさとらむ**」である。**住んでこそ分かる町家の魅力と価値なのである。**

最後にもう一言述べておきたい。京都人は、自分たちの町の魅力に十分に気づいていないのではないかと思う。それは、本文でも触れるように、京町家の価値を評価したのが、京都人よりも〝よそさん〟、京都人から見れば、異邦人という他地域の人々や外国人であったという事実からもうかがえよう。かくいう著者も東京は芝白金、現在の高輪の生まれと育ちである。こうした〝よそさん〟が描いた京都の生活には、生粋の京都人が読んだら違和感を覚えることもあるかもしれないが、その点はご容赦頂きたい。先日も、〝よそさん〟の著者が京都人の知人を上七軒に案内し、花街の町並みの美しさを改めて紹介するということがあったが、この本が京都人を含めて京都の魅力の再発見のきっかけとなれば幸いである。

妻道子の理解がなければ、このような町家に暮らすという実践は、実現しなかったであろう。改めて感謝したい。

平成二十八年（二〇一六年）初夏

九条町家にて　伊藤正人

1. 京町家とは

京町家とは何か、という問いに対する答えを求めようとすれば、京都という都市の形成の歴史に立ち返ることが必要であろう。そうした都市形成の過程で、町家がどのように作られ、変遷していったのかを見てみよう。

1-1 京都という都市の形成と町家

京都市「京町家再生プラン：くらし・空間・まち」（二〇〇〇）や京町家作事組『町家再生の技と知恵：京町家のしくみと改修の手引き』（二〇〇二）では、町家の形成と変遷が論じられている。それによると、都市の形成は、平安京造営（七九四年）時の**条坊制**《じょうぼうせい》による築垣《ついじ》で囲まれた方形の区画が出発点であり、築垣と大路との間の空間（空き地）に、商業活動の発展と共に人々が住み着くことから次第に町が形成されていったという。条坊制とは、南北の単位を条、東西の単位を坊とし、大路と小路により分割される区画を単位とするものである。特に、大路と大路に囲まれた区画が坊、坊を縦横三本の小路で分割された小区画が町と呼ばれた。このときの平安京の範囲は、鴨長明の『方丈記』にも記されているが、現在の一条通を北限（一条大路）として、九条通り（九条大路）を南限とする南北と、現在の寺町通り（東京極大路）を東限として、JR花園駅から阪急西京極駅を結ぶ線あたり（西京極大路）を西限とする東西の範囲であった。この中心に南北に貫く朱雀大路を設け、その南限に**羅**《らじ》

城門《ようもん》を建て、都への出入り口とした。そして、朱雀大路から左右対称な位置に東寺《とうじ》と西寺《さいじ》が建てられた。朱雀大路を北上すると大内裏《だいだいり》（皇居と官庁街）に至り、その中央には大極殿《だいごくでん》が建てられていた。これが当初の平安京の姿であったが、実際には、平安京の造営は計画通りには進まなかった。

現在の京都御所の位置が、平安京の大極殿の位置よりかなり東側へ移動しているように、東側に偏った形で市街地が形成されていったのである。これは、九八〇年には、羅城門が倒壊して、その後再建されなかったこと、京都盆地の自然の川筋や伏流水は、北東から南西へと流れており、南西部は、湿地帯になっていたことなどによるという。現在も西寺跡付近には、水生植物のセリを育てるセリ田が残っており、京野菜の一つ、七条セリとして知られている。

町家の原型　こうした条坊制の区画の隙間（空き地）に作られた、平安末期頃の商業者や手工業者の職住一体の住み家が町家の原型であるという。これらは、構法も作り手も様々であり、一定の規格のようなものは見られないが、やがて江戸中期頃には、同じような均質な町家が並ぶ町並みが形成されるようになる。こうした均質化は、大路を挟んだ道の両側に形成された新たな町の単位（両側町）が生まれたこと、そこでの生活を基盤とする人々が防犯や防火という自衛のための自治組織を作り、有力商人を中心とした経済力を持った町衆が町の担い手になったこと、町家を建築する職人の分化と専門化が進んだこと、建築需要に対応する部材の規格化・標準化などにより進められたという（京町家作事組 二〇〇二、森谷 二〇一一）。これらは、均質化を促した要因ではあったが、最も大きな要因は、幕府（京都所司代）による建築規制であったという（高橋 二〇一四）。

洛中洛外図に見る町家の変遷　こうした町家の様子は、室町幕府以降、都となった京都の市中を描いた、いくつかの「洛中洛外図屏風」の中にも見て取れる。東京国立博物館で、これらが一堂に会する特別展が開催され、京都の町がどのように変化したか、どう描かれたかを知る機会があった（特別展「京都：洛中洛外図と障壁画の美」二〇一三）。制作年代が十六世紀前半の最も古いもの（国立歴史民俗博物館の甲本）を見ると、町家は、ほとんどが平屋建てで、屋根は板葺きに重しの石をのせたものとして描かれている。ほぼ同時期に狩野永徳により描かれ、織田信長から上杉謙信へ贈られたもの（上杉本）にも同じ様な町家の姿が描かれている。それから百年後の十七世紀前半の絵師岩佐又兵衛が描いたもの（舟木本）では、町家は、平屋建てから厨子《つし》二階建てへ、さらに櫓《やぐら》を構えた町家もあり、屋根も板葺きあり、瓦葺きありと様々に変化していることが分かる。また、町家の後ろに各戸ごとに松などの高木の植栽が描かれており、この頃には、町家の奥庭も確立していたと思われる。また、同じ時期に描かれた祇園祭礼図屏風（京都国立博物館蔵）を見る機会（記念展「京《みやこ》へのいざない」二〇一四）があったが、厨子二階建てを中心とした多種多様な町家の形が出現していることが分かる。そうした多様な町家の形態は、やがて江戸中期頃には、幕府の建築規制により、変異が少なくなり、厨子二階建て・瓦葺きの典型的・均一的な町家の形が確立し、こうした町家が連なる町並みが形成された（高橋 二〇一四）。

町家の変貌　その後、こうした町家の形は、明治維新まではほとんど変わらずに受け継がれてきたが、明治期以降は、江戸時代の様々な制度的制約の廃止や西欧の技術の流入など、京都の町家にとっても大きな転機となった。例えば、町家の形は、厨子《つし》二階から総二階（本二階）へ、基礎の構法も石の上に柱が乗る一《ひと》つ石《いし》という構法から布基礎《ぬのきそ》へ、軸組にも火《ひ》打《う》ち梁《ばり》と呼ばれる斜材の導入、格子も木製格子から金属格子へ、建具も障子や襖から、東障子《あずましょうじ》と呼ばれる木枠ガラス戸へと変貌していく。江戸時代の町家の形は、その時代の様々な制約とそこで生活する人々の行動様式とにより決まっていたといえる。その意味で、**住居という建築物の構造と機能とは、制度的制約（環境）と人々の行為との産物**なのである。そうした相互作用から生み出された典型例が町家といえよう。

1-2　京町家の定義

京町家というのは、文字通り、京都にある町家のことであるが、もう少し具体的に定義してみよう。京都市では、京町家を、以下のような立地から用途まで六つの側面を満たす建築物としている（京都市二〇〇〇、京都市・京都市景観・まちづくりセンター・立命館大学 二〇一一）。

- 立　地　京都市内で戦前に市街化されていた地域
- 構　造　伝統的軸組木造の平屋、中二階、本二階、三階の一戸建て、長屋建て、瓦葺き平入《ひらい》りの大屋根を持つ
- 外　観　大戸《おおど》、木《き》格子《こうし》戸《ど》、木枠ガラス戸、虫籠《むしこ》窓《まど》、木枠ガラス窓、土壁、格子などの特徴的外観
- 間取り　通り庭、続き間、坪庭、奥庭を保っているか、過去に有していた。
- 空間構成　外壁または高塀《たかべい》が通りに接し、隣家と軒を連ねている。

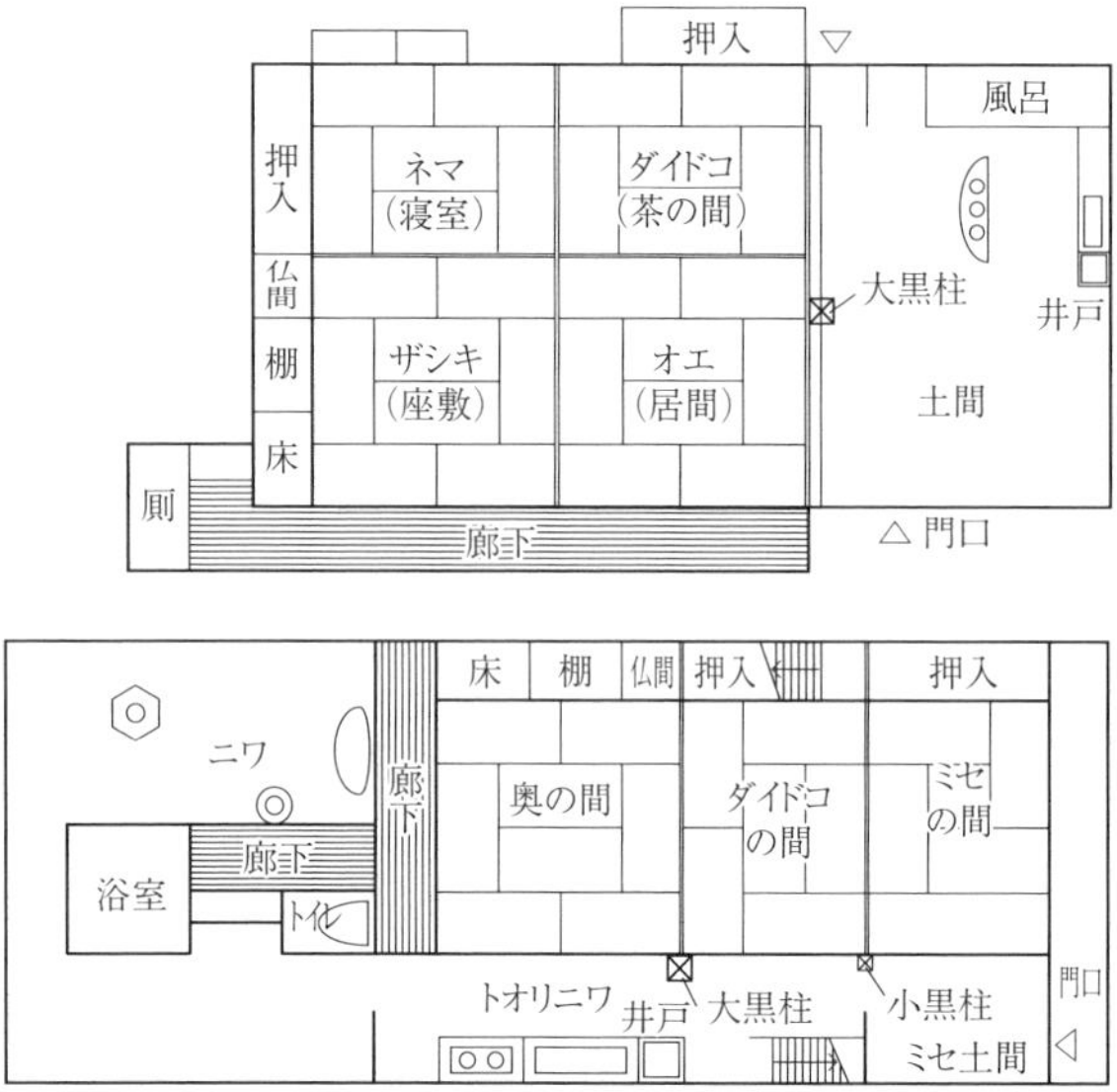

民家（田の字型、上図）と町家（一列三室型、下図）の間取りの相違

用　途　併用住宅、専用住宅、事業専用

ここで、平入りとは、建物の屋根の棟に対して平行する面を平といい、平側に出入り口あるものを指している。これらの条件以外に、京都市の耐震診断を受ける条件として、昭和二十五年以前に建築されたものというのもある。用途や立地条件を除く、構造、外観、間取りという三つの側面により京町家を定義すると、**京町家とは、伝統的軸組木造建築であり、瓦葺き平入りの大屋根、大戸、木製格子（ガラス）戸、虫籠窓（木製ガラス窓）、土壁、格子の外観、通り庭、坪庭、奥庭、続き間の間取りを持つ家屋を指す。**

町家と民家　庶民の暮らす建物を民家というが、建物が使われる目的と立地により、農家や町家へと分化する。例えば、比較的土地に余裕がある農家では、一般に、**田の字型の間取り**になるが、都市に密集して暮らす町家では、**一列型の間取り**になることが多い（降幡 一九九七）。図は、田の字型の民家と一列三室型の町家を示している。こうした民家は、**職住一体**という特徴を持っている。つまり、そこで行われる農業あるいは商業という職業に根ざす様々な行為に適合するような建物になっているのである。**町家は、多数の人々が密集して暮らす都市という立地と、そこで暮らす様々な人々の職業行為から生まれた建物**なのである。

一列型の町家の間取りは、一列二室型から一列四室型などの変化があり、また、間口が大きい場合には、通り庭を挟んで、両側に部屋が造られることもある。

民家と町家の違いは、この他にも、建物内部の造作《ぞうさく》（座敷の天井や鴨居《かもい》、長押《なげし》、床などの化粧材の作りを指す）にも表れている。それは、町家が以下に述べるような都会的繊細さを感じさせるのに対し、民家では、太い梁の木組みによって豪快さを感じさせるという点にもある（橋本 一九九四）。

町家の間取りで注目すべき点は、厠棟で分割された奥庭とその反対側の空間である。奥庭は、鑑賞されるハレ（非日常）の場であり、その反対側は、洗濯物を干すなど様々な日常的作業をするケ（日常）の場である。それぞれの場所での**行為（行動）の相違を空間的に分離している**点は興味深い。

様々な町家　江戸時代中期には、特別な例を除けば、ほとんどが厨子《つし》二階（中二階）建てであった。これは、身分制度による制約、つまり派手な家作の禁止と商業に携わる町衆の自治活動（町式目）から生じたものであるといわれる。こうした極端に天井が低い二階部分は、物置や丁稚や女中という奉公人の部屋として使われたという。こうした制度的制約がなくなった明治期以降には、江戸期継承型

看板建築の町家と金属製駒寄（柵）

町家では二階部分の軒高はさほど高くはなかったが、一方で新しい本二階が建てられるようになる。また、三階建ての町家も建てられたが、現存数は少ない。ただ、七条大宮付近では、四〜五軒の三階建て町家を見ることが出来る。やがて、商業や手工業などの職を廃業した後の住居専用となった町家や当初から専用住宅として建てられた高塀造《たかべいづく》りの町家も現れる。大正期から昭和期には、正面をビルのように四角い形に改装することが行われるようになる。これらは「**看板建築**《かんばんけんちく》」と呼ばれるが、正面部分を解体すれば、容易に元の町家の姿に戻すことができる。

現存する京町家のうち、本二階建が約五三％を占めており、このことは、京都の町家の半数以上が明治期以降の建築であることを示している（京都市・京都市景観・まちづくりセンター・立命館大学 二〇一一）。これは、江戸末期に御所の蛤御門で薩摩藩と長州藩が戦火を交えた禁門の変による大火で市中の大半が焼失したことによるものであろう。京都で先の戦禍というと応仁の乱にさかのぼるという俗説があるがこれは誤りである。江戸期に建てられた町家は、中心部ではかなり少ない。京都の町家で初めて重要文化財指定された杉本家住宅も禁門の変の大火の後に再建された明治初年の町家である。むしろこうした大火を免れた周辺部に江戸期の町家が残されている。

仕舞屋

高塀造

看板建築

本二階

中二階

三階建て

平屋

京町家の類型

（京都市・京都市景観·まちづくりセンター・立命館大学「平成20・21年度「京町家まちづくり調査」記録集」より）

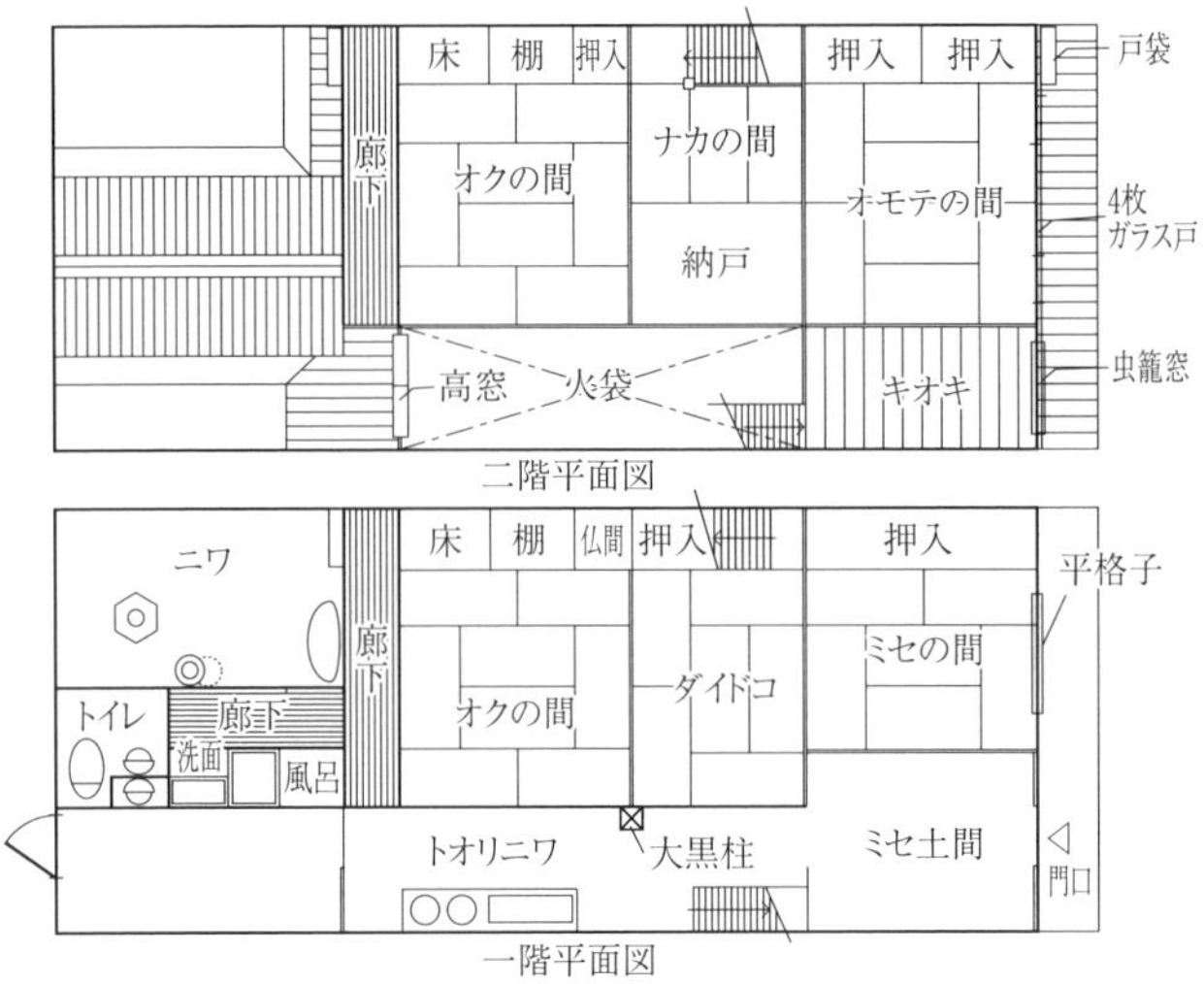

間口三間半の一列三室型町家平面図

1－3　町家の解剖学

町家には様々な建築上の特徴がある。例えば、様々な形の格子、軒先瓦の独特な形状（一文字瓦《いちもんじかわら》）、二階部分に設けられる格子状窓（虫籠《むしこ》窓《まど》）、大きく張り出した化粧軒（加敷造《かしきづく》り）、ミセ土間の二階の床組をそのままあらわにした天井（大和天井《やまとてんじょう》）、三和土《たたき》による土間と吹き抜け空間（火袋《ひぶくろ》）などである。ここに、昭和初期型の町家の一階・二階の平面図を載せておこう。四〇坪ほどの敷地に立つ間口三間半の町家を想定して描いたものである。この平面図から一階も二階も町家の特徴の一つである**続き間**となっていることが分かるであろう。二階平面図にあるキオキとは、かつては竈《かまど》の燃料である薪などを保管するためのスペース（物置）として造られたものである。

ここでは、**昭和初期型の町家**を例に、町家の特徴を具体的に見ていこう。門口から室内へ、そし

昭和初期型町家外観

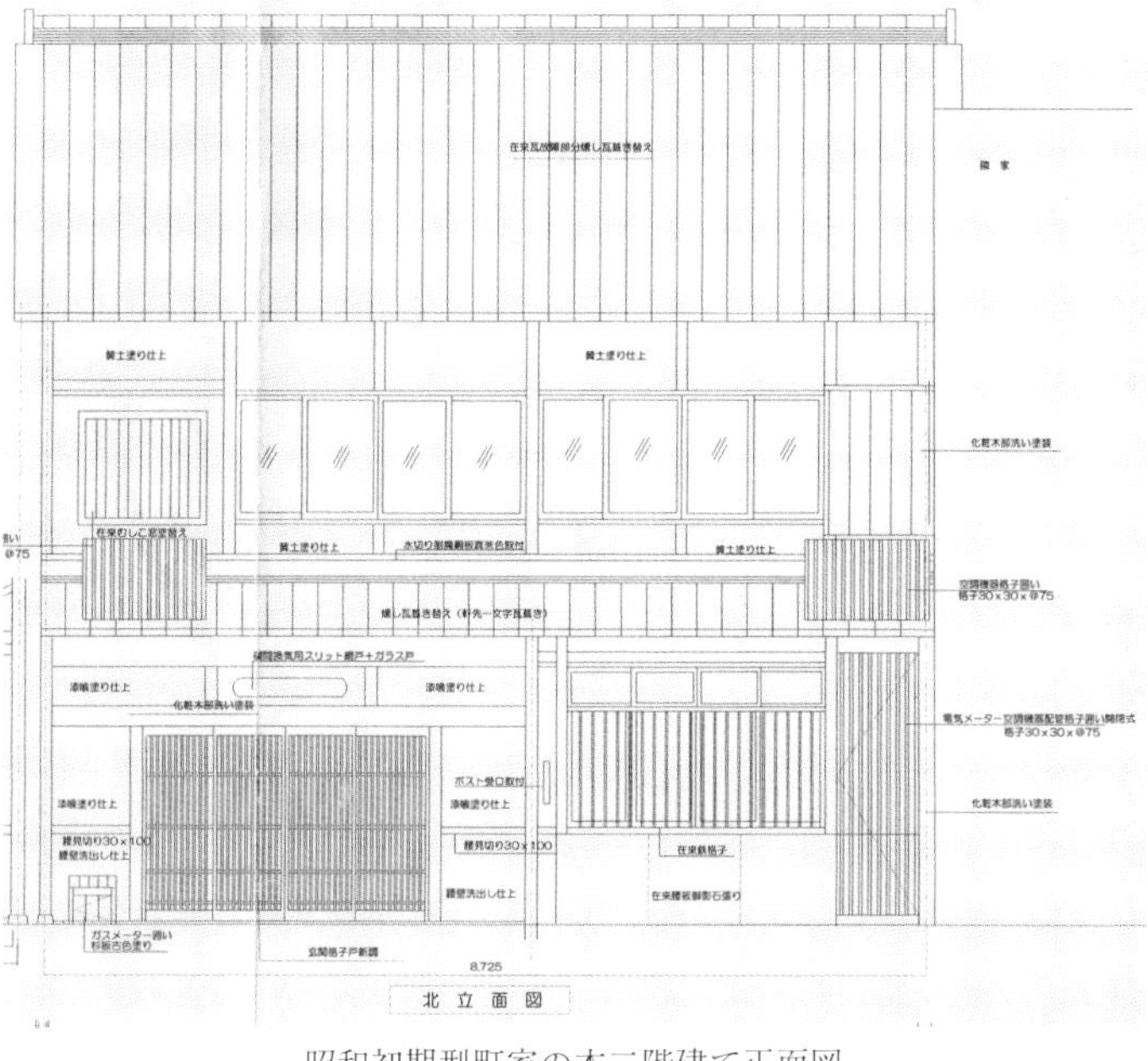

昭和初期型町家の本二階建て正面図

軒先の一文字瓦

て奥庭へと順に進めていく。昭和初期型の町家がそれまでの町家と大きく異なるのは、木製格子が金属格子へ変わり、厨子《つし》二階という極端に低い二階部分が現代の住宅と同じような本二階（総二階）となっている点である。

一文字瓦　門口に立って、まず目につくのは下屋（一階の小屋根）の瓦である。その軒先側が直線になっている。瓦の軒先側が直線（一文字）になっているものを一文字瓦《いちもんじがわら》という。一文字葺きは、瓦と瓦の上下左右の合わせ目をきれいに仕上げる必要があり、熟練した職人技が必要とされている。一文字葺きの軒先が並んでいる様を見ると、威圧感のないすっきりとした美しさを醸し出している。これが、京町家の美しさの一つの要素である。

格子　町家の外観上の大きな特徴の一つは、格子《こうし》であろう。格子は基本木製であるが、昭和初期頃になると木製格子に代わり金属格子になり、腰の部分を重厚な御影石貼りにした形が登場する。これが昭和初期型町家の標準的な外観である。

格子には様々な形がある。格子は、通に面して造られるが、構造上出っ張った形の格子を**出格子**《でごうし》、出っ張っていないものを**平格子**《ひらごうし》という。具体的な格子の形状は、京都文化博物館に併設された飲食店の外観にこれらの格子が用いられているので、それぞれの格子の相違を一ヶ所で知ることができる。例えば、糸屋格子、炭屋格子、酒屋格子など、町家で営まれていた職業（商売）により決まっていた。

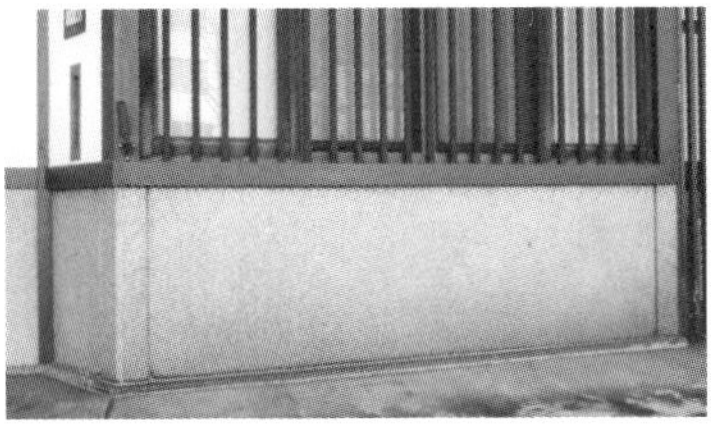
金属格子と重厚な御影石（一枚板）貼りの外観意匠

糸屋格子

米屋格子

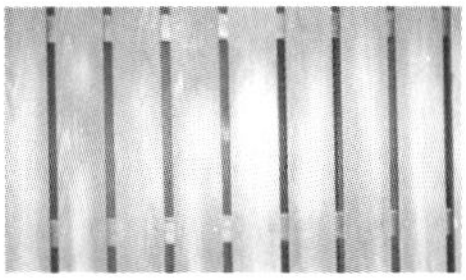
炭屋格子

糸屋格子は、細い格子で上部を開けた形をしている。これは、外光を多く取り入れるためであるといわれる。その対極は、炭屋格子の幅広い格子で、格子の間隔を狭めた形である。これは、炭の粉塵を外に出さないための工夫であるという。米屋格子は、これらとはまた異なり、荒格子といわれるように、太い格子で頑丈に造られており、騒動対策といわれる。

このように、格子の形状が職業的要請により変化しているのである。商売の内容により格子形状の変異が生まれたことは、興味深いものがある。つまり**家の意匠（構造）は、住人の生活（行動様式）と密接な関係がある**ということである。

昭和初期頃には、先に述べたように、これまでの木製格子から金属格子へと変わっていくが、写真の格子は、鉄製で表面は緑青がわいたような風合いに仕上げてある。こうした金属格子は、戦時中の金属供出により殆ど撤去され、建築時のものが現存している例は少ないという。腰の部分は、御影石の石貼りで重厚に仕上げている。左の木製柱についている金物は、小旗（国旗）を立てるためのものであるが、角度や方向も変えられる優れものである。

格子は、どのような目的で作られたのであろうか。一つは、外からの視線を遮るための**遮蔽効果**であろう。また、格子は、外からの視線を遮るが、室内側から見ると外の様子がよくわかるという利点もある。これとは別に**外敵防御**という目的があったのではという説もある。確かに格子と大戸《おおど》（門口《かどぐち》にある大きな戸）という頑丈な門口の造りは、そのような目的をうかがわせるに十分な構造である。以前、江戸後期に建てられた町家を見たとき、こうした見方を強く感じたことがある。それは、正面が出格子と小さな門口からできており、奥に深い造りの町家であった。その奥の庭の突き当りに小さな木戸があり、それを開けると、隣家との間に人が体を斜めにしてようやく歩けるくらいの路地があり、そこから外に出られるようになっていたのである。こうした逃げ道が設けられていることは、火災時の避難路という意味もあるが、外敵防御という見方の一つの根拠ともなろう。

厨子二階の虫籠窓（江戸から明治期）

本二階の虫籠窓（昭和初期）

虫籠窓　格子と共に、町家を特徴づける要素の一つが**虫籠《むしこ》窓《まど》**である。虫籠窓は、町家の二階部分の縦格子状の窓のことで、漆喰《しっくい》または黄土（壁土）で造られる。虫籠の格子を連想させることから虫籠窓と名付けられた。二階部分の採光や通風のために造られる。また、その意匠も、単純な縦格子形状から、凝った木瓜型などもあり、意匠のバリエーションはかなりあるようである。

江戸から明治、さらに昭和へと時代が下がると、二階正面に占める虫籠窓の割合も小さくなり、その分木枠ガラス窓が増えてくる。昭和初期頃の町家では、虫籠窓は最小の大きさとなって残されている。虫籠窓の室内側には、障子やガラス戸をはめている。虫籠窓も、固定式の格子で、内側から開けられないので、格子と同様に、外敵防御という目的があったのではと考えられる。

加敷造りの化粧軒

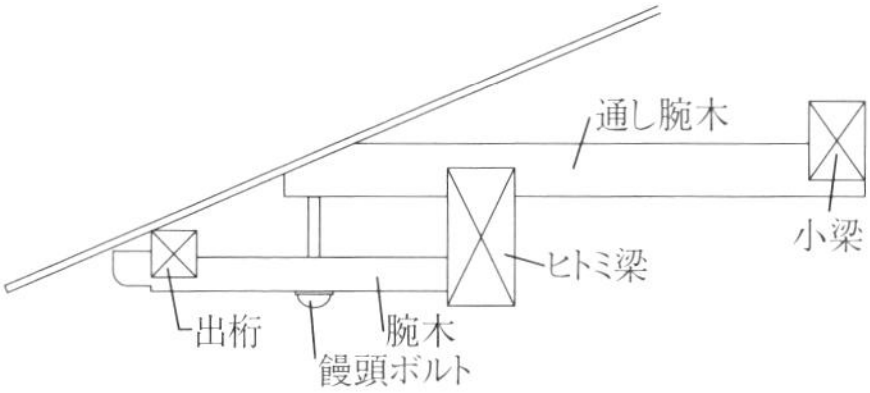

加敷造りの構造（断面図）

化粧軒　軒先をより長く出すために腕木《うでぎ》により出桁《でげた》材を受ける軒の木組みを**加《か》敷造《しきづく》り**という。これは、図に示したように、ヒトミ梁を支点として梃子の原理により通し腕木で出桁材を支える仕組みになっている。通し腕木と出桁材はボルト（饅頭ボルト）で接合されている。これは、雨が壁面の土壁に当たるのを防ぐという必要性から生まれた軒先を長くするための構造（木組み）であるが、それが町家の意匠となっているのである。

犬矢来とばったり床几　町家の外観部分を特

金属製犬矢来

鍾馗像

徴づけるものに、犬矢来《いぬやらい》とばったり床几《しょうぎ》がある。犬矢来とは、道路側の外壁に取り付けられる弓形の垣根のことである。これは、竹製のものが多いが、金属製のものも見かける。形状も弓形ではなく単純な柵にしている例も多く見られるが、方形の柵は、駒寄《こまよせ》とも呼ばれる。これらは、かつては牛馬から建物の外壁を守るという機能を持ったものである。ばったり床几とは、外壁に取り付けられた折りたたみの台であり、商家では、商品を並べる陳列棚の機能を持ったものである。使わないときは壁側にたたんで、台の裏側が見える形で止めておく。

鍾馗像　町家の小屋根（一階部分の軒）の上には鍾馗像《しょうきぞう》が置かれていることが多い。これは、鍾馗像に魔除けの効験があるとされることから、瓦造りの像（像高は、二〇センチ程度）を小屋根の上に置くのである。鍾馗像は、様々な形をしており、かなり自由に作られていたようで、京都市中の鍾馗像を調べた本も出版されている（小沢 二〇一二）。鍾馗像以外に、お多福の面や恵比寿と大黒の面を飾っていることもある。

鍾馗といえば、子供の頃、端午の節句に飾られていた鍾馗様は、黒々とした長い髭を蓄え、大きな目で睨みつけている恐ろしい人形であった。夜には、怖くて鍾馗様の側には近寄れなかったことを憶えている。鍾馗像が町家の屋根に飾られるようになったいわれは、鬼瓦を葺いたところ、向かいの家の住人が病に倒れ、この原因が鬼瓦から跳ね返った〝悪いもの〟が向かいの家に入ったためだと考えられ、魔除けの鍾馗像を置いたところ、病が治ったことによるという。

ケラバ　螻蛄羽《けらば》とは、切妻屋根の妻側の端（張り出した部分）のことであるが、隣り合う家の軒の高い方が、隣家へ越境する形で屋根の端を張り出したものを指す。町家建築では、隣家との境は、ほとんどないように隣接しているが、有ったとしても、せいぜい一〇センチ程度しかない。ケラバを設けることで、隣家との境に雨水が落下し、双方の土台の柱が腐食することを防ぐのである。これは、生活の知恵である。京都では、屋根の端の越境について、隣り合う家同士の暗黙の了解がある。

　ケラバがないと実際どのような事態が起こるのか。体験しないと分かりづらいが、隣家の解体に伴い、ケラバが切られて初めて知ることになった。雨が降り続くと、その水気が土間部分の墨入りモルタルの表面に上がってくるようで、一見するとやや黒

右側の家の軒が高いので、隣家へ張り出す形で屋根の端を延長させる

ミセ土間の大和天井

ずんで水溜のように見える現象が起きてしまった。表面を触ると水気を感じるのである。こうした現象が起きたことで改めてケラバの優れた効用を実感したのである。

ミセ土間　ミセ土間の天井は、特に化粧材を使わずに二階の床の床組をそのままにして仕上げる。このような仕上げの天井を**大和《やまと》天井《てんじょう》**という。ミセの間は、商いのための空間なので、化粧材を使わずに、ベンガラを塗っただけの簡素な仕上げにしたのであろう。乳白色のガラスの照明器具は、昭和初期頃のものである。

玄関土間からミセ土間を見る
（墨入りモルタル仕上げ）

土間は、花崗岩が風化して出来た土に消石灰と「にがり」を混ぜて突き固めたもの（**三和土《たたき》**）を用いる。これは、三種類の材料を混ぜると硬化する性質を利用したものであり、三つの材料を混ぜ合わせることから三和土と呼ばれる。現代では、三和土の代わりにモルタルで代用することが多い。

玄関　町家では、玄関は、道路から見て二番目の部分である（最初の部分は、ミセの間）。道路からミセの間への入り口は、玄関ではなく門《かど》（門口）ということになる。玄関には、沓脱石《くつぬぎいし》を置くか、または式台《しきだい》が設けられ、ここから来客が出入りする。家人が出入りするのは、その左手のダイドコの間からである。ダイドコの間の土間側は板張りであることが多い。

写真の玄関は、櫛状の細かい木組みである**筬欄間《おさらんま》**と竿《さお》を格子状に組んだ**格天井《ごうてんじょう》**からなる格式高い造りになっている。筬とは、機織り機の縦糸を整え、横糸を押さえる櫛状の部品のことである。これと形状が似ているため、筬欄間と呼ばれるのである。寺社を見学すると、筬欄間と格天井は、格式の高い造りであるという解説をよく聞くがこのような格式の高い造りは、上質な町家であることを示すものである。

火袋　町家建築の特徴の一つである吹き抜け空間を**火袋**《ひぶくろ》という。火袋は、おくどさんと呼ばれる竈《かまど》での煮炊きの際の熱や煙を逃す空間として機能するものである。江戸時代には、煙突がなかったので、その代わりに「煙出《けむだ》し」という屋根の上部に小さな屋根を乗せたような換気口を設けていた。この「煙出し」の有無で、江戸期の建築かどうかの判断が出来る。これが、明治期以降、外国から煙突が導入

玄関と式台

玄関内側から見上げた筬欄間と格天井

松の太い梁（ゴロンボ）とその上の束組（準棟纂冪）

火袋の上部へ伸びる大黒柱と横に伸びる梁

された結果、明治期以降建築の町家には、煙出しの代わりに煙突が設けられるようになった。

火袋は、煙突が付けられるようになっても、放熱という機能のために、なお大きな役割を果たしてきた。しかし、竈からガスや電気という煮炊きの仕方の変化から、現在では、放熱というよりは、単なる吹き抜け空間となっている。この大きな空間は、人の視線を引きつけるので、規模の大きな町家では、松の太い梁を架けて、この空間をより動的に演出している。前頁の写真に示したように、松の太い梁は、空間を引き締め、重厚な印象を与えている。このような松の太い梁を大工用語で「**ゴロンボ**」という。さらに、この梁の上部に華奢な木組み（束組《つかぐ》み）を造り、装飾的な演出も行われる。この木組みは、構造上の必要性ではなく、一種の飾りとして造られる。観光名所の龍安寺や等持院の庫裡《くり》（玄関）の天井部にも、大きな梁の上部に華奢な束組みが造られている。確かに、見上げると、大きな梁との対比から、複雑さと繊細さを空間に加えているように感じられる。こうした束組みを、大工用語で「**準棟纂冪**《じゅんとうさんべき》」という。

大黒柱と小黒柱　**大黒柱**《だいこくばしら》（大極柱ともいう）とは、家の中心にある最も太い柱のことで、町家では八寸（約二四センチ角）の大きさが一般的である。次に太い柱を**小黒柱**《しょうこくばしら》（約一八センチ角）という。門口から小黒柱、さらに奥に大黒柱と並んでいるので、門口から土間を進んでいくと、一層大黒柱の大きさと重厚感が強調されるようになっている。大黒柱が他の柱より太くて大きいのは、家の中心で荷重を受け止めるためである。大黒柱から横方向に伸びる梁（差し鴨居）が荷重を大黒柱へ伝えているのである。垂直と水平のラインの起点となる大黒柱の存在は、その家の風格を象徴する構造物であるといえる（降幡　一九九七）。

井戸　井筒《いづつ》とその上には、釣瓶《つるべ》を上げ下げするための鉄製の滑車を吊す井桁《いげた》が組まれている。通り庭を床上げする場合には、井筒上部の石組みを撤去する。井戸を床下に残す場合には、床に点検口を設け、井戸の開口部が見えるようにしておくことが多い。そして井戸蓋には換気口も付ける。井戸が涸れておらず、使用するには、定期的な点検と井戸さらえ（井戸替え）が必要である。一方、井戸そのものを撤去してしまう場合もある。撤去して埋め戻すときには、水神様（弥都波能売神《みづはのめのかみ》）に対する儀式を行う。

床下の井戸点検口（換気口も付ける）（上）と滑車を吊り下げるための井桁（下）

京都盆地の地下水は、北東から南西方向へ流れているが、阪急京都線の地下化工事や京都市営地下鉄の工事などで、水の道が遮断され、かなりの地域で浅井戸は、水が涸れているという。涸れた井戸も、六〇メートルほど掘れ

荒神棚（棚の上には布袋像と御札を入れる厨子が置かれている）

ば、水は出るとのことであるが、その井戸掘り費用は、かなり高額である。

荒神棚　荒神とは、火の神や竈の神のことなので、**荒神棚**《こうじんだな》は、台所の竈の上に東向きに設けられる。棚の上には、札を納める厨子《ずし》や伏見人形の**布**《ほ》**袋像**《ていぞう》を置く。布袋とは、中国の唐時代に実在したとされる僧であるが、日本では、七福神の一人とされる。布袋は、水墨画の画題としてよく取り上げられているが、大きな袋を背負った太鼓腹の僧として描かれる。布袋像といえば、画僧雪村《せっそん》の踊る布袋図（東京都板橋区立美術館蔵）を思い浮かべるが、これは大きな袋の上でユーモラスに踊っている異色の布袋像である。

荒神棚に置かれる布袋像は、大きな袋を持っていないが、その背中に「火」という字を書いておくと、火難除けになるという。また、家を新築したとき、二月の初午《はつうま》の日（初午大祭）に伏見稲荷大社へ参詣したあと、参道周辺で売られている伏見人形の布袋像を買い求め、荒神棚に飾る。これを小さいものから始め、毎年一体ずつ買い揃えて、七体揃うと満了となる。これは、七福神になぞらえてのことのようで、縁起が良く、財産がたまり、火難防止という御利益があるという。こうして、荒神棚には、七体の布袋像が小さいものから大きいものへと順番に並ぶのである。

神棚・社　商売を生業にしている家では、伏見稲荷の社《やしろ》（神棚）を置くことが多い。その社も簡単なものから、大変細かい細工を施した檜造りの立派な社まで様々である。この他に、道路に接する門口の上部には、「聖護院　五体力加護」というお札を入れる厨子が飾られることもある。これは、泥棒よけに御利益があるという聖護院の御札である。五体力とは、不動明王を中心とした五人の明王のことで、他の四人の明王がそれぞれ東西南北の方角を守るものとされている。ここから泥棒除けとされたのであろう。

火廼要慎　京都では、台所の火を使う竈《かまど》付近に火伏せの神様を祀る愛宕神社の御札「**阿多古祀符火廼要慎**《ひのようじん》」を貼ることが多い。本来なら、愛宕山の山頂にある神社に詣でて、御札をもらうのが筋であろうが、諸般の事情で愛宕山登山もままならない場合には、電話で連絡の上、現金書留で代金を送れば、御札が郵送されて来る仕組みになっている。戦前には、ケーブルカーもあったので、現在よりはるかに参拝しやすかったはずで、愛宕神社に参拝せずに済ませることは少なかったのかもしれない。年配の人には、愛宕山に参拝しないで何の御利益があろうかといわれかねないが、便利ではある。なお、毎年七月三十一日の夜から八月一日にかけて愛宕神社へお参りする「千日詣」をすると、御利益が千日続くといわれ、多くの人がこの時に参拝するようである。

四条付近から見る夕景に浮かぶ愛宕山

奥の間　奥庭に面した座敷を奥の間という。奥の間は、主人の居室であり、来客の接待に使われる座敷でもある。そのため、町家では、最も上質な空間に位置づけられる。そこには**座敷飾り**（床の間、違い棚、付け書院など）を設え、最も上質な空間にふさわしい造りにするのである。江戸時代までは、こうした奥の間に子どもたちが出入りすることはなかったという。座敷飾りを最も

二階奥の間

一階奥の間の座敷飾り

簡素にすると、床柱を天井から下げるだけの、床柱が畳の部分に届かない**吊り床**とその下に置かれる台座という簡易床になる。座敷飾りを造るための十分な空間的余裕がない場合には、こうした簡素化された床の間を設けることがある。

　座敷飾りを始め、部屋と部屋、部屋と廊下の境に設けられる**欄間**《らんま》や**障子**《しょうじ》、**襖**《ふすま》も奥の間の構成要素の一つである。写真の例の欄間では、桐の葉が抽象化され、単純化された文様として彫られているが、洒落たデザインになっている。欄間の上部を曲線状にスリットを開け、その枠と全体の枠を黒漆塗仕上げとしている。京町家では、こうした抽象化され、単純化された華奢で洒落デザインの欄間が使われるが、この点が古民家との相違の一つとなっている。

　襖には、文様をキラ（雲母）押しした**京唐紙**が使われるが、光の射し込み方により無地に、あるいは文様が明瞭に見えるなど座敷の隠翳に深みを与えている。文様も様々であり、公家好みから、武家好みや町家好みなど伝統的にそれぞれに好まれた文様があるようである。また、玄関座敷には、牡丹

簡素ではあるが洒落たデザインの欄間

昭和初期（左）と現代（右）の花兎文様のキラ押し京唐紙

象嵌を施した引き手（上）
と上質な銅製の引き手（下）

桐文様のキラ押し京唐紙を使った襖

唐草文様、奥の間の座敷には桐文様など、座敷ごとに異なる文様を用い、座敷の雰囲気を変えることもできる。京都では、唐紙を作る工房は多くあり、文様も工房により違っているので、自分の好みに合う文様（工房）を見つける楽しみもある。

襖の引き手にもさりげない洒落たデザインが施されていることもある。象嵌《ぞうがん》を施した洒落たデザイン（三日月、萩に鷺）の引き手が使われたり、単純な丸形やさりげない形の引き手でも素材は上質な古銅が使われていたりする。こうした引き手は、奥の間やダイドコなどそれぞれの部屋の用途を考慮して使われる。町家建築では、引き手のようなあまり目立たないものにまで、座敷の用途に合わせた目配りがされているのである。

奥庭　町家の奥庭は、石組みを中心とした庭である。奥の間の廊下から庭に出られるように、大きな鞍馬石の**沓脱石**《くつぬぎいし》を置き、ここから**飛石**《とびいし》伝いに、庭の中心にある**石灯籠**《いしどうろう》にいくことができるように設える。その中間に大きな建物の芯柱の礎石を思わせる円形の**伽藍石**《がらんせき》を置く。この他の添景物として**蹲**《つくばい》や**手水鉢**《ちょうずばち》がある。蹲とは、背の低い手水鉢のことで、手水鉢の水で手を洗うときにしゃがむ（蹲う）ことから名付けられたものである。伽藍石や手水鉢が、どこかの廃寺の礎石であるとか、古い橋脚であるなど、その出自が明らかで歴史のある物ほど珍重される。羅城門の礎石なども現存し、使われているようである。このような沓脱石、伽藍石、石灯籠、蹲あるいは手水鉢は、町家の奥庭の典型的な構成物である。

沓脱石の置かれている面から、庭の奥を一段高くし、そこに石灯籠を据えると奥行き感が増し、庭

寸胴型筧

初夏の奥庭

竹枕型筧

鞍馬石の沓脱石

を広く見せる効果がある。また、袖垣《そでがき》を据えて庭の一部を遮ることで、より庭の奥行きを感じさせることもできる。手水鉢の手前の地面を掘り下げて、水の逃げ道とするが、ここは、雨水が地面に自然浸透するように造ることが多い。しかし、ゲリラ豪雨などの最近の気象傾向から、下水管に接続して排水できるようにした方が安心である。また、手水鉢への給水の便を考えて、水道管を仕込んだ竹製の筧《かけい》を設ける。筧には、寸胴型と竹枕型がある。筧の先から手水鉢へ落ちる水音は、庭に閑寂な趣を与える効果があるので、筧は、奥庭には欠かせない添景物である。

奥庭のもう一つの主役は、樹木である。松、槙、クロガネモチなどが主木として選ばれることが多い。町家の奥庭を表す「市中山居《しちゅうさんきょ》」という言葉がある。これは町中にいて山の中にいるような趣を味わえる庭のことを指している。こうした趣を作るには、シダや苔は欠かせない植物である。また四季の移ろいを、芽吹きや開花、紅葉、落葉など植物の変化から味わえるような樹木の選定が必要である。最近は、ネット上で樹木を選び、注文すると、宅配便で送られてくるので便利である。植物の知識が多少あれば、庭師に依頼しなくても、自身で庭造りもできるであろう。

ウナギの寝床といわれる奥に深い町家では、その途中に小さな庭を設けることが多い。これを**坪庭**《つぼにわ》というが、文字通り畳二畳ほどからその大きさは様々である。寺院ともなれば、坪庭といってもかなりの広さがあり、建物に囲まれた庭という意味に解するものであろう。坪庭は、採光と通風という二つの役割がある。坪庭には、石や苔で、簡素ではあるが趣のある景色を造る。坪庭と奥庭という二ヶ所に庭があると、庭への散水により奥庭と坪庭の間で温度差が生まれ、風が一方から他方へ流れることで涼感が生まれるのである。

蔵　町家の奥には、蔵が設けられていることもある。蔵は、一般に、通常の壁の厚みの二〜三倍はあり、梁を始めとする部材も頑丈なものが使われているので、火災や盗難から家宝や商売道具を守る機能を持っている。現代では、こうした機能の他に、蔵の構造を活かした音楽室（ピアノ室）や書庫としての用途に転用される例が多い。

2. 町家を取得する

町家を取得するにはどうしたら良いかについて、いくつかの方法とその手順や注意点を見ていくことにする。最初に、中古物件としての町家の光と影について述べ、続いて、類書ではほとんど触れられていない町家の具体的な影の部分についても取り上げておこう。

2-1 町家物件の光と影

町家物件は、最も新しい物でも七十年以上経過している。現代のプレハブ住宅の寿命が四十年程度といわれているのに比べれば、その倍近い年月を経たものなのである。このため、町家には、新しい住宅にはない、長い年月が生み出した深い味わいがある。先に述べた町家の様々な構成物、例えば、大黒柱や小黒柱などの柱や建具などに見られる漆塗りをしたような色艶も、長年に亘る拭き掃除という日常的行為により生まれてきたものなのである。こうした町家に住む人々の日常的行為に関わる経年変化が現代の住宅では得られない深い味わいを醸し出しているといえる。

一方、築七十年以上も経た建物は、それなりの傷みがある。特に、長い間、人が住まなくなった町家は、通風が悪く、シロアリによる食害が進み、雨漏りが放置され、畳や床が腐食するなど傷みが進行しているのが通例である。ある町家物件を見学したときは、雨漏りで二階の畳と床が腐食し、さらにその下の一階の畳と床も腐食して大きな穴が開くような、まさに荒廃という言葉がぴったりの状況であった。このような荒廃した状況を初めて見ると、かなりのショックを受けるのも事実である。この他にも、床の傾きや建具の歪みなど様々な傷みがあるのが普通である。町家物件見学の際には、何らかの傷みはあるものと思って物件を見た方が良い。その上で、その傷みが修復可能なのかどうかの判断や修復にどれぐらいの費用を要するかなどの判断が必要なのである。自分で判断ができない場合には、建築士に依頼して、一緒に物件を見て判断を仰ぐという方法もある。

町家取得のジレンマ問題　町家物件を取得するとは、こうした町家物件の光と影の二つの面を受け入れることなのである。もちろん、大きな傷みのある物件よりも、傷みが少ない物件を取得する方が良いことはいうまでもないが、**大きな傷みのある、良い造りの物件と、傷みが少ない、平凡な造りの物件とでは、どちらを選ぶかとなると**、問題は、簡単ではなくなる。これは、心理学の研究テーマの一つでもあるジレンマ問題だからである。

解体される町家　京都市の調査では、様々な理由により、毎年一、〇〇〇軒ほどが解体されているという。このままであれば、五十年後には京都の景観の一翼を担う町家は、ほとんど消滅してしまうことにもなる衝撃的な数字である。九条町家のある狭い町域でも、この五年間に四軒の町家が解体され、しかも隣家が解体されるという思いもしなかった出来事が起きてみると、まことに危機的な数字として実感されたのである（伊藤 二〇一六）。町家が解体されると、造りのよい建具を始め、奥庭の石灯籠や手水鉢などは、それぞれの専門業者が引き取りにくるようである。この意味では、町家本体は消滅してしまっても、町家の一部は、再びどこかで再利用されて、継承されているといえる。悲しいこ

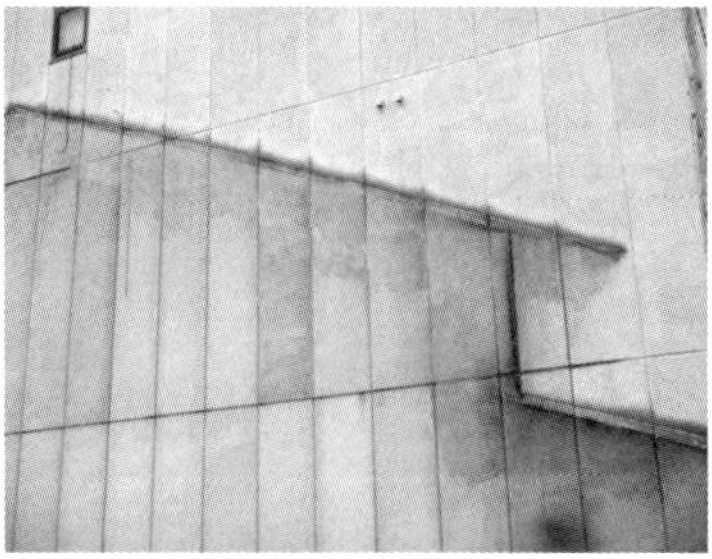

隣のビルの壁に残された在りし日の町家の姿

屋根が落とされ、積年の埃が舞う中に凛としてそびえる大黒柱

とではあるが、解体された町家の跡には、必ずその痕跡が何らかの形で隣に残される。例えば、隣のビルの壁に、かつての町家がその存在を主張するかのように、シルエット（影）として残されている。

町家は同じ規格で作られているので、戸襖《とぶすま》や舞良戸《まいらど》を始め、様々な部材は、上に述べたように、再利用することが出来る。こうした古い部材を専門に扱う店もあり、その店から必要な部材を調達することはできるが、それほど安価という訳にはいかないので、解体現場から部材を頂ければこれにこしたことはない。

あるとき、近所の町家に工事用の幕が張られているのを見つけ、工事概要の説明板を読むと、「解体工事」とある。早速、持ち主に連絡してみると、「再利用できるものがあれば、どうぞお持ち下さい」と快諾を得たので、翌朝、仕事の前に行こうかとも思ったのであるが、「今は、解体工事の準備です」ということだったので、仕事を終えた夕方に伺うことにした。これはこちらの判断ミスで、現場に到着してみると、屋根は落とされ、明るい光の下で積年の埃が舞う惨憺たる状況になっていたのである。啞然としながらも、足の踏み場もない現場で、なんとか発掘を試みたが、すべてが傷だらけで、あきらめざるを得なかった。埃の舞う中で凛として直立する黒光りした大黒柱が造りの良い町家であることを物語っていただけに、とても残念な思いをしたのである。

造りの良い町家の部材は、細部まで丁寧な細工が施され、それだけでも価値のあるものである。こうした職人芸ともいうべき丁寧な細工の部材を現代で作ろうとすると、職人がいないことや、いたとしてもかなり高価になることから、調達することは容易ではないであろう。このため、こうした**造りの良い町家の解体から出てくる部材を再利用する何らかの仕組み**を作っていくことが必要なのではないかと思う。

小動物との付き合い方　町家に暮らしてみると、天井裏を走り回るネズミやイタチなどの小動物との付き合い方の問題が出てくることがある。こうした問題は、ほとんどどこにも触れられていない**町家暮らしの影の部分**である。付き合い方と書いたのは、これらの問題が「寒さを防ぐ」というような問題に対する物理的対応策では済まない、相手は生き物だという生物学的問題だからである。簡単に解決できるような妙案はないと思った方が良いだろう。ここでは、参考のために、私の体験を紹介しておこう。

ネコの問題　改修が終わり、生活を始めてから間もなく、奥庭に野良ネコが侵入してくることに気が付いた。そして、どうやら縁の下で糞をしているようなのである。縁の下を覗くと、何となく獣の臭いというか、糞の臭いがすると感じていたのである。考えてみれば、この町家は、長い間空き家になっていたので、野良ネコの格好のなわばりの場所となっていたのであろう。ネコは、どうやら屋根から塀に下りて、塀の支柱を利用して庭に下りているようなのである。そこで、塀の上にプラスチック製の**ネコ除けマット**を置いてみた。置いただけのため、ネコが乗ると落下するので、侵入を確認できる。このネコ除けマットの防止効果はあり、侵入回数は減ったのであった。これ以前に、別の対策としてネコの嫌がる忌避剤を縁の下にまいてみたが、これは効果がなかった。しかし、しばらくは安心していたが、また入った気配があり、注意して見ていると、今までとは違うネコなのである。ネコも一度痛い思いをしたら近づかないという**学習**はできる（伊藤 二〇〇五）ので、同じネコが何度もという場合は少ないと思われるが、ネコの方も世代交代やなわばりの変化もあり、ネコの入れ替わりにこれからも何らかの形で付き合わなければならないのであろう。

ネズミの問題　隣家では、天井裏をイタチが走り回るという。イタチがいるということは、イタチはネズミの天敵なので、ネズミはいないということであるが、天井裏を走り回る音は、ネズミの比ではないであろう。わが家では、入居してから二年ほどたったころ、天井裏でカサカサという異音がするのに気付いた。これは、天井裏に断熱材を敷いたので、断熱材を包むポリエチレンシート上を走ると出る音であった。初めはあまり気にしていなかったが、深夜に頻繁になり、天井裏を点検してみることにした。ここで点検口を新設しなかった点は失敗であることに気付いた。既存の点検口は、階段の踊り場にあり、脚立を立てるのにやや問題があった。

作業着を着て、天井裏に上がり、中心部は一階分以上の高さがあるので、体を屈めることなく、太い梁伝いに移動しながら点検してみた。これはこれで、埃まみれになり、結構大変なことであったが、

二階屋根裏に太い松の梁（ゴロンボ）がはしる

確かにネズミの糞が確認できたので、最初に忌避剤を複数個置き、ハーブ臭の忌避スプレーを噴射してみた。忌避剤は三ヶ月有効とあったが、一週間もしないうちに、再びカサカサという異音が聞こえてきた。もう一度同じことをしてみたが、やはり結果は同じであった。超音波でネズミを寄せ付けないという機器も、公正取引委員会から効果が認められないとして二〇〇二年に排除命令が出ているので、無駄であろう。

行動分析学からの対策　さてどうするか。忌避剤を置くほど簡単ではなく、多少手間ではあるが、ネズミの行動を考えた対策を試みることにした。人も動物も自身の行為（行動）の結果にはきわめて敏感であるという心理学的事実に着目したのである。行動分析学では、これを「行為の原理」と呼んでいる（伊藤二〇〇五）が、これは、行動の結果、その動物にとって好ましいことが起こると、その行動は繰り返されるが、不快なことが起こると、その行動は減っていくということである。ネズミが天井裏を走ったら、すぐにネズミにとって不快な音を立てるのである。例えば、ネコの鳴き声を聞かせるとか、単なる手をたたくということでも良いであろう。このようなことを家族で一週間ほど行っていたところ、すっかり静かになってしまったのである。それから現在まで天井裏は静かなままである。「霊験《れいげん》あらたか」ならぬ「行為の原理あらたか」である。

その他の小動物　この他、アオダイショウもよく見かける動物であるが、アオダイショウがいれば、ネズミはいないので、これは結構なことである。天井裏を這い回られるのは困りものであるが、アオダイショウは昼行性なので、夜は静かなはずである。わが家にも、二年目の夏、通り庭の先の物干し場に現れたが、二メートルもあるのではと思われるくらいの大きさに思わず足がすくんでしまった。こちらが近づくと隣家の庭へ逃げ込んでしまったが、隣家に聞くと、時々庭で鎌首を持ち上げているとのことであった。九条通が走る市中にも巨大なアオダイショウが生息しているのである。早速、京都市生き物調査へ報告しておいた。

2-2 不動産物件を探す

町家の取得には、多くの物件を見て歩くことが必要である。私も約二年間で二十軒以上の町家を見てきた。そのうち半分は、価格や立地、大きさなどから選ぶ対象外となる物件であったが、勉強のつもりで見学してきた。このように多くの物件を見ることで、造りの良し悪しがある程度理解できるようになった。また、町家の傷み具合にも慣れた。一軒見ただけでは、それが良い物件かどうかは分からないであろう。**いくつもの物件を比較することを通して、初めてその物件の良し悪しが分かるの**である。良し悪しの区別が付けられるようになるのは、このような経験を通してであり、行動分析学では「**弁別学習**」と呼んでいる（伊藤 二〇〇五）。

土地と上物の価値　一般に、不動産売買では、築七十年以上経過した上物（古家）は、ほとんど価値がない。固定資産税も築七十年ともなると、家屋についての評価額はわずかで、ほとんどが土地の評価額になる。このため、更地にするか、古家付き土地として売買されることが多い。不動産物件から探す場合には、**古家付き土地**を探すというのが第一歩であろう。このような物件を探し、古家が造りの良い町家であれば、ほぼ土地の値段で町家を購入できる。

一方、京都では、町家物件を専門に扱う不動産業者もあり、ここで探す方が効率は良いようであるが、こうした業者は、上物の価値を知っているので、それほどお買い得ということにはならないかもしれない。ただ、町家を専門に扱っている業者は、町家についての知識も豊富なので、古家の傷み具合や改修方法についてのアドバイスをもらうことも出来るであろう。どちらが良いとは一概にいえないが、情報収集のネットワークを広げるという意味では、あちこちの不動産業者へ声を掛けておくと良いであろう。

町家物件探しの楽しみ　物件探しは、様々な町家を見ることになるので、経験という勉強でもあり、そのこと自体楽しいことであるが、長い期間、町家物件を探していると、おもしろい物件に遭遇するという楽しみもある。例えば、以前、物件として見学したことのある町家がその後改修され、公開されたのを見る機会があった。このような例は、滅多にないので、改修の前後を見比べ、知識を増やす絶好の機会である。公開された改修後の町家見学は、改修の際に大変参考になった。蔵のある物件では、蔵の様々な利用法を考えることも楽しい。また、民芸運動の柳宗悦《やなぎむねよし》が関東大震災後に東京から京都へ一時避難してきたときに住んでいた家に出会ったこともある。

様々な町家物件　町家物件といっても、様々なものがあるが、**路地裏の町家**というのも多くある。

路地幅が二メートルに満たない場合は、**再建築不可物件**である。これは、改修して住むことは出来るが、解体したら再建築はできないということである。このため、通常の価格よりかなり安くなっている。路地が専用である場合には問題ないが、他の家の玄関に面している場合には、心理的圧迫感を強く感じることも事実である。

町家の中には、**連棟式町家**というのもある。これは、隣同士で柱や梁などの構造材を共有しているので、改修するときに少々やっかいである。改修に際して、お隣に了解をとらなくてはならないし、構造を触れないという場合もあるであろう。改修が済んでも隣家のシロアリがそのままであれば、将来の食害の心配もある。また、連棟式町家は、**長屋建て**または**貸家建て**ともいうように、あまりお金を掛けて造られていないことが多い。

町家物件の建築年代　町家が不動産物件として出ている場合、家屋については、通常、築不詳となっている。ただ、先に述べた町家の類型を知っていれば、外観から江戸期なのか、昭和初期なのかという、おおよその年代を推定することはできる。町家の建築は、戦前の昭和十年代が最後の建築時期になるので、少なくとも七十年は経過しているとみて良い。

町家物件の立地　京都の立地についても知っておくことは必要である。京都の北と南では、気候も異なり、北にある金閣寺に降雪の場合でも、南にある東寺に雪なしというほど違っているからである。これは意外なことで、一般にはあまり知られていない事実であろう。京都人に聞くと、北大路あたりから北と南では冬の寒さが違うという。勿論、北の方がより寒いということである。

「洛中洛外《らくちゅうらくがい》」という言葉がある。これは、中国の唐時代の都（洛陽）の名前に倣って、平安京の東半分を「洛陽」、西半分を「長安」と呼んだことから始まり、やがて京都を「洛」と表現するようになったという。地方から京都へ上ることを上洛《じょうらく》という。従って、洛中とは、京都の中心部を、洛外とは、その周辺部を指しているのである。鴨長明の『方丈記』にその範囲の記述があり、「…京のうち、一条よりは南、九条より北、京極よりは西、朱雀よりは東の、…」として洛中を示している。近世には、豊臣秀吉の京都の都市改造で造られた土塁（御土居《おどい》）で囲まれた範囲が洛中とされたようである。

こうした区分が不動産価格にそのまま反映しているとはいえないが、洛外の物件の方が安い傾向があろう。このため洛外の町家物件は狙い目かもしれない。さらに、物件探しの際にあまり考慮されていないようであるが、固定資産税の税額は、中心部の方が高くなる。先に述べたように、固定資産税の評価額は、町家物件では、ほとんどが土地の評価額である。

既存不適格とは　町家物件では、売買契約の際に交わされる重要事項説明書に「既存不適格建築物」という記載があるであろう。「既存不適格」という言葉を初めて聞くとびっくりするが、これは、現在の建築基準法によらない建物であることを表すに過ぎない。かつて建築されたときには、適法であったものなのである。現行の建築基準法は、一九五〇年に制定され、その後、数度にわたり改正されているが、町家物件は、これ以前に建てられているので、すべて既存不適格建築物という位置づけになる。

2-3　競売物件を探す

京都の競売物件は、京都地裁の所管である。競売物件の情報は、ネット上の不動産競売物件情報サイト（最高裁判所事務総局運営）で確認できる。一般に、競売物件は、通常の不動産売買と異なり、**内部を見ることができないことや、明け渡しについて占有者（所有者または第三者）との話し合いが必要になること（引渡命令などの法的手続きが必要になる場合もある）、瑕疵担保責任**《かしたんぽ》**がないこと、所有者が所在不明など様々なリスクがあるので、**不動産評価額は、通常の不動産評価額の半分ほどになる。評価額だけ見ると、かなりお得な感じもするが、リスクを考えるとそうともいえないかもしれない。また、競売という入札方式なので、評価額で落札できるとは必ずしもいえない。

競売物件の探し方　不動産競売物件情報サイトでは、全国の情報が見られるが、ここから近畿↓京都↓京都地方裁判所本庁へ入る。ここからさらに、土地、戸建て、マンション、その他の検索区分があり、また地域や金額、路線などでさらに絞り込むことが出来るようになっている。町家物件を探すなら、マンションを外して検索する。こうすると物件が表示されるので、興味のある物件の詳細を見ることで、物件の概要がわかる。物件の詳細表示のところで、三点セット（**物件明細書、現況調査報告書、評価書**）をダウンロードし、内容を確認する。また、物件の外観やその周囲の環境について現地確認することも必要である。

ネット上の情報だけではなく、京都地裁の物件明細閲覧室に保管されている競売物件情報のファイルを必ず閲覧する。ネット上では黒塗りになっている非公開の情報やネット上に出ていない情報が書かれていることもあるので、確認のために足を運び、このとき、事務室で競売物件入札の申込書一式をもらう。分からないことは事務室で教えてくれる。

この他に、法務局で物件の**土地と家屋の登記簿謄本**をとる。これは誰でもとることが出来るので、これまでの権利関係の変遷や現状を調べておく。入札時には、保証金の振り込みが必要である。落札できなかったときは、返還される。競売は、抵当権を設定した銀行や信組などの金融機関（債権者）の申し立てで行われるので、債権者と債務者（所有者）との話し合いによっては、入札開始後でも取り下げられることもある。

競売物件のリスク　競売物件は、建物の中に入ることはできないので、外からの目視と現況調査報告書にある記述と写真で判断することになる。ここに一つのリスクがある。写真は、現物よりも良く見えたりするからである。写真では良く見えていたが、現物はとんでもない代物ということも皆無ではないであろう。また、現地に足を運んでみて、外観は立派に見えるようでも、中身は、それほどではないということもあろう。また、立ち入り調査といっても、裁判所の執行官が行う目視が中心で、建築的観点からの傷み具合や劣化状況の判断ではないことは注意が必要である。こうなると、良い状態の物件に当たるかどうかは、賭のようなものである。競売物件に入札するということは、このような賭のリスクを引き受けることと思ったほうが良い。

現況調査報告書から見える人の行動　現況調査報告書には、執行官が競売物件に立ち入り調査を行ったときの生々しい状況が写真に撮られている。これらの写真は、倒産や破産という危機的状況に直面したとき、人はどのように行動するのかを教えてくれる。現況写真に撮られたものは、**行動の痕跡**である。そのわずかな痕跡が生々しく迫ってくるのである。例えば、部屋の中に衣服やその他の様々な物が散乱しているのは、最後の際に何か大切な物を探していたのであろうか。台所の流しにとぎかけのお米と思われるものが放置してあるのは、お米をとごうとしていた、まさにそのとき、倒産あるいは破産という連絡が入ったのであろうか。そこで、その行為は中断され、放置されたのであろう。こうした状況を目の当たりにすると、私たちが日常的に当たり前のように行っている、物を片付ける、整理するという行為は、この場所で将来の展望があるから行われるのだということを強く実感させられるのである。不幸なことだが、これらの状況は、この場所で将来の様々な営み（行為）の可能性がなくなったことを如実に物語っている。

2-4　町家取得の顛末記――七条が九条になって

九条の町家を取得することになって、振り返って見ると、町家探しの約二年間はかなり長いようにも感じられたが、突然、終わりを迎えたというあっけなさもあった。それだけに、思いがけない出会いという巡り合わせの不思議さを実感したのである。京都には、子ども達に東西南北の通の名前を教える唄がある。それは、「六条七条とおりすぎ、八条こえれば東寺道、九条大路でとどめさす」と唄うのであるが、唄のように、九条で町家探しに終止符をうったのである。

この九条の町家物件は、価格が高かったため、最初は、勉強のために見学しようと考えていただけのものであった。むしろこの物件より本命と思った物件があり、それを見学したついでの、いわば付け足しのようなものだったのである。その本命と思った物件は、七条付近にあったので、仮に「七条の町家」と呼んでおこう。それが結果的に九条にあるこの町家を取得することになったのだから、わからないものである。

町家探しのエピソード　この話に入る前に、町家探しの途中のエピソードをいくつか述べておこう。町家を探し始めて、かなり時間が経過し、見学した町家の数も十数件になっていたころ、不動産業者から、これから販売を始める物件の案内電話がかかってきたことがある。その頃は、ちょうど仕事も忙しく、町家探しにも少々疲れていたので、仕事が一段落してから見学に出かけることにした。仕事が一段落してから見学してみると、大きさも造りも良い町家で、庭はさほど大きくはなかったが、その代り茶室が設けられていた。ごく普通の町家の奥に茶室があろうとは、思いもよらないことであった。これならと思ったのであるが、すでに別の人が売買交渉中のため、結局取得することはできなかった。電話連絡があったとき、すぐに出かけていたらと思うと残念でならなかったが、出会いとはそのようなもので、縁がなかったのであろうとあきらめた。こんなことがあったので、これ以降は、よさそうな物件の連絡を受けたり、広告を見つけたら、すぐに見学するようにしたことはいうまでもない。

また、競売物件として出ていた町家が入札前に取り下げになったことがあった。こちらも入札準備をしていたので、どうなったのだろうと思っていたところ、ある不動産業者から物件の連絡があり、よく聞いてみるとその取り下げられた物件であった。その物件のことをこちらが詳しく知っていたので、相手はびっくりしていた。不動産業者が入手した金額がいくらかは教えてくれなかったが、販売価格は、評価額の三倍ほどであった。

競売にかけられた物件は、一定期間、落札情報が残されているので、丹念に調べていくと、不動産業者の物件がかつての競売物件であったという素性がわかることがある。あるとき、過去の落札情報を見ていたら、売りに出されていた物件と同じものを見つけたことがあった。物件の概要や所在地から同じものであると判断できたのである。その落札価格は、確か一八〇〇万円であったが、売り出し価格は、これに九〇〇万円ほど上乗せした金額であった。しばらくは売れなかったようで、その間に価格を下げたり、また上げたりと価格変更を繰り返していた。こうした不動産価格の裏情報を知っていると、物件の値段交渉にも役立つのではと思う。

七条の町家

さて、七条の物件は、高塀造《たかべいづく》りの町家（町家の類型参照）で、外観はかなり立派な造りに見えるものであった。不動産業者の案内で一歩内部に立ち入ってみると、立派な外観とは少し違うという第一印象を持った。この第一印象は、内部を詳しく見ていくとさらに強まっていくことになる。玄関の間は、二畳ほどの座敷であったが、その奥の襖を開けると、外壁と思われるトタン板が見えていた。柱も細く全体に華奢な造りであった。座敷には、床の間が設えられていたが、外側の廊下は、幅が狭く、歩くのに違和感をおぼえるくらい、窮屈な印象であった。二階へ上がる階段も一間の幅で二階へ上がるため、今まで見たことのないほどの急勾配になっていた。この町家は、狭い敷地に町家建築の約束事（仕様）を無理に実現しようとして造られたのであろう。そのため、あちらこちらに「無理が通れば、道理が引っ込む」ではないが、建物に余裕をなくしていたのである。二階の座敷から見える東山の稜線は、なかなか得がたい景色ではあったが、いかんせん建物がこれでは買うわけにもいかず、落胆して、足取り重く、次の九条の物件見学へと向かったのであった。後日談であるが、この七条の物件の隣の小さな町家が半年もしないうちに売りに出されたのである。もし、七条の物件を取得していたら、これも取得して全体でもう少し余裕のある家に改修できたのかもしれないと思ってみたりもした。

九条の町家　暑い日で、熱中症になるのではというほど体もきつかったので、早く切り上げて帰ることを考えていた。現場に着いてみると、外観は看板建築になっていたため、町家の風情はあまり感じられなかったが、内部に入ったところ、その印象は、がらりと変わったのである。町家の内部は、火袋の明かりとりの高窓からの光だけでやや薄暗く、そのなかに小黒柱が見え、その先に大黒柱も見えていた。火袋を見上げれば、そこには太い梁とその上の美しい束組が見えていた。その高さは、三階分はあろうかというほどあり、その空間的広がりにすっかり見とれてしまった。先ほどの七条の物件とは、雲泥の差であるとすぐに感じたのである。

九条町家の初見時の座敷から見た奥庭風景

この町家は、十年近く空き家のままであったというが、内部の状態は、これまで見てきた物件の中では、最も良いように感じた。さらに座敷に立ち入ってみると、かなり豪華な作りの床の間、違い棚、それに出書院が設えられていた。奥庭は、雑草が生い茂り、庭の形状すらよくわからなかったが、かろうじて趣のある古い石灯籠と伽藍石が見えていた。二階の奥の間も数寄屋造りの座敷飾りが設えられており、造りの良い町家であることが実感できたのである。さらに、ここには立派な地下室があったことも驚きであった。七条の物件との対比で、この九条の物件は、より一層素晴らしく見えたことも事実であろう。その意味では、七条の物件見学は、落胆はしたが、徒労ではなかったといえる。

さてどうするか。これだけ造りの良い物件を見せられたら、取得する以外にない。問題は価格である。この物件は、古家付土地として出ていて、半年以上売れなかったようなので、所有者も値段の交渉には応じてくれ、何よりも改修して町家を残すというこちらの意向に好印象を持ったようであった。こちらも譲歩したが、こちらの予算内で取得可能なところまで譲歩してもらうことができたのである。こうした不動産売買では、何よりも誠意をもって交渉することにつきよう。

3. 町家を再生する

――町家建築と日常生活の調和

通り庭に設けたキッチン設備

町家の再生とは、その外観や内装を建築された当時の姿（構造）に戻すことだけではなく、住居や店舗として住み手の日常生活（行為）を実現すること（機能）まで含んでいる。構造と機能は、表裏一体のものであり、例えば、竈を再生すること（構造）は、それで毎日の食事のための煮炊きをする（行為）ことでもある。当然、現代の住み手の日常生活は、町家が建築された当時の生活とはかなり異なるので、現代の生活に合わせたものにするというのが私の町家再生の基本的な考え方である。具体的にいうと、例えば、竈の代わりにシステムキッチンを置くのである。これには異論があるかもしれない。建築された当時の姿（構造）と生活様式（機能）とを保存・再生するというのも一つの考え方であろう。文化財指定される建築物は、このような要件が必要であり、そうした町家の再生があって良いと思う。しかし、建築された当時の日常生活を現代に実践するのは、一般には、容易ではない。**現代の生活様式にふさわしい町家に再生することこそ、町家の保全につながる**のだと私は考えている。そして、**住んでこそ、町家の価値と魅力を実感できる**のだと思っている（伊藤 二〇一四・二〇一五）。

改修を始めるに当たって、利用できるいくつかの補助制度があるので、それらを最初に紹介しておこう。それぞれ申請するための要件があり、申請時期も限られているので、注意が必要である。

3-1　町家再生の第一歩

耐震診断補助　町家再生の第一歩は、耐震診断である。京都市による伝統的軸組構法の木造建築物の耐震診断補助という制度（**京町家耐震診断士派遣事業**）があり、格安な負担金（五千円）で利用できる。昭和二十五年以前に建築された京町家という条件を充たしていれば応募できるが、採択されると二名の建築士が現地調査を行い、かなり詳細な診断報告書を作成してくれる。この報告書をもとにどのように耐震改修を行ったら良いかについて助言を聞くことができる。また、この診断結果に沿った耐震改修を行う場合には、補助制度（**京町家等耐震改修助成事業**）も利用できる。

現代の木造建築物と京町家の伝統的軸組構法の建築物の間には、耐震の考え方に相違がある。伝統的軸組構法には、免震という考え方はあっても、耐震という考え方はないという（京町家作事組 二〇〇二）。これらの間をどのように調和させるかに腐心することになる。現代の耐震の考え方からすると、町家の各部屋の間を襖で仕切る造りは、耐震性がないので、襖の代わりに耐震壁を造るという結論になるであろう。こうなると、町家の座敷の風情は失われることになりかねない。このような**耐震性と町家の風情との齟齬《そご》をどのように解決するかが町家改修の一つの課題**である。

町家改修補助　町家改修の助成制度は、国や京都市などが行っているが、これらの助成事業は、特別な要件を満たす町家や町並みなどが対象なので、ここでは、もっと一般的な**京都市景観・まちづく**

りセンター（まちセン）の助成事業を取り上げよう。これは、国や京都市による、伝統建造物群保存地区、歴史的風致形成建造物、あるいは景観重要建造物として助成を受けたものを除く町家を対象としている。ただし、助成するのは、外観の改修に限られる。また、外観の改修費の最大二分の一までである。毎年五月頃に募集案内があり、事前相談を経て、助成申請書を提出する。その後に現地調査が行われ、最終的な結果が通知される。改修費助成は、外観についてのものなので、内部の改修は、採択結果を待たずに実施できるが、外観部分は、採択結果が判明するまで触れないので、改修工事の工程の調整が必要になる場合もある。

木材現物支給　もう一つの助成は、京都市域産材供給協会が行っている**杣木《そまぎ》プロジェクト**である。これは、一定の面積、京都産木材（みやこ杣木）を使用することを条件に、二十五万円分の木材を現物支給してくれるものである。二十五万円分といえども、床の無垢材のフローリング位は、これでまかなえるであろう。ありがたい制度である。二〇〇八年度から毎年募集があり、先着順なので早めに申し込んだ方が良い。

町家保全の取り組み　京都市の町家保全についての本格的な取り組みは、京都市景観・まちづくりセンターの設立（一九九七年）によって始められたが、実際の助成事業は、**京町家まちづくりファンド**の設立（二〇〇五年）からである。このファンド設立の契機の一つとなったのは、東京在住の篤志《とくし》家《か》の寄付であったが、町家の価値を評価したのが、京都人より〝よそさん〟という他地域の人々や外国人であったのは皮肉である。このあたりの事情は、朝日新聞夕刊に連載されたコラム「大峯伸之のまちダネ：京町家の異邦人」（二〇一四年三月三十一日から八月一日）に詳しい。京都人は自分たちの町家の価値を十分に認識していないようである。バブルの頃、お金のあるところは、町家を壊してビルを建てたが、ビルを建てるお金のないところが、町家のまま残ったのだという話を聞いたことがある。

　このファンドによる町家改修（保全）の助成事業は、二〇〇六年度から行われ、二〇一六年三月までに七十六件の町家改修を助成してきた。喜ばしいことであるが様々な課題もある。その一つは、助成対象の件数が少ないことである。毎年一、〇〇〇軒ほどの町家が解体・消滅している現状に比べると「焼け石に水」の感なきにしもあらずである。助成件数が限られているのは、助成のための基金を取り崩しているのが現状とのことで、致し方がない。それでも**この助成制度は、町家改修を支援する力強いファンド（礎石）**であろう。今後、基金と助成件数の拡大への妙案を期待したい。

京町家まちづくりファンドの助成を受けたことを表すプレート

　また、二〇一一年度からは、新たな町家保全の取り組みの一つとして、**「市民が残したい京都を彩る建物や庭園」**の選定事業が始められ、選定された建物や庭園が京都市のホームページ上で公開されている。これは、市民からの自薦や他薦により、京都の景観に寄与している建物や庭園を選定し、それらの景観上の意義を再認識することを通して、保全されることを期待するものである。九条町家は二〇一五年度に選定されたが、選定されると市長名の認定証（北山杉のプレート）が授与される。選定された建物・庭園の所有者の交流会も開催されて、所有者同士の情報交換などのネットワーク作りにも貢献している。

町家の保全には、景観法や文化財保護法などの**法的規制**を掛けることも必要であろう。当地は、市街地型美観形成地区の規制と東寺に関わる近景及び遠景デザイン保全地区の規制の網が掛けられてはいるが、十分に機能しているようには見えない。こうした規制が後手に回っているからであろう。ただ、屋外広告の規制により、二〇一六年三月末までに派手な看板や電飾などが撤去されたので、通りの印象はすっきりとしたものとなり、ある程度の効果はあったといえる。

3-2　工務店選び

京都では、町家を手掛けている工務店はかなりあるが、改修を具体的に考える段階に来て、どこで探したら良いのか、どこの工務店が良いのかがわからず立ち往生してしまった。

工務店の情報　まちセンに相談しても、教えてくれるのは、京都府建築工業協同組合の窓口である。それよりもむしろ、まちセンの中に、「**町家所有者・居住者の集い**」という組織があり、そこで行われる会合に参加して、参加者（町家改修経験者）から情報を得る方がよいことに気がついた。ある企画に参加して、改修された町家を見学する機会もあり、町家改修の具体的な姿を理解することが出来た。また、その際に、仕出し弁当の昼食もあり、京都の仕出し文化の理解にも役立った。まちセンでは、この他にも、町家の相談会や町家に関する様々な企画（京町家再生セミナー等）を行っているので、これらに参加して情報を得た方が良いだろう。

改修工事の見積もり　こうした情報やネットで調べた工務店のホームページから選んだ複数の工務店から、現場確認の上で見積もりをとることになる。ホームページを作っていない工務店もあるので、ネット検索で出てきた工務店のみを対象とするのは問題ではあるが。後に述べるように、見積もりはあってないようなものになる可能性もあり、そもそも、その見積もりが妥当かどうかも素人ではわからないという問題がある。こうした点は、専門家（建築士）の判断が必要になる。建築士の業務は、改修図面の作成や改修工事の監理などの仕事を工務店とは別の第三者の立場から行うことである。その経費は、工事代金の何パーセントという形であるが、かなり幅があるようである。工事監理の費用は、施主と建築士の話し合いで決められる。

一方、建築士に工事監理を頼まないとすると、工務店と施主が直接話し合うという形になる。施主がある程度建築について知識があれば、これでもなんとかなるかもしれない。しかし、一般には、施主は、建築の知識を持ち合わせていないので、工務店とは対等な話し合いはできないであろう。信頼できる工務店であれば、建築士に工事監理を依頼しなくとも問題ないと思われるが、何らかの問題が生じたときには、第三者の判断を仰ぐ必要が出てくるかもしれない。こうした点を考えて建築士に工事監理を依頼するか否かを判断すれば良いであろう。

3-3　改修経費は高すぎないか

町家改修を済ませた人に改修費をそれとなく聞いたところ、何人かの人から、かなり立派な新築の家が建つょうな金額（坪単価八十万円ほど）がかかったと聞かされた。勿論、町家といってもその傷み具合は、千差万別で、一律に改修費を論ずることは出来ないが、それでも高すぎるのではと思う。これでは、改修して町家を残したいと思っても、財力がないと出来ないことになる。新築の方が安くなるのであれば、改修するよりも解体されることになる。こうして、町家は消滅することになるのであろう。

改修費を抑える工夫　ではどうしたら良いか。一番いい方法は、自分自身が工務店になることであろう。自分で大工や左官その他の職人達を、工程に合わせて手配すれば良いのである。こうした方法を**分離発注**という。これは、工務店に一括発注するのではなく、各種工事ごとに工事契約を結び、自身で工程管理することである。こうした方法は、建築の知識も必要であるし、施主が建築士であれば可能であろう（「京まち工房」六十八号参照）が、素人施主が実際に実行するとなると、どの職人に依頼したら良いかなどたちまち困難に突き当たる。このように、改修費の問題を建築士ではない素人施主がうまく解決する妙案はないが、ある程度、施主の努力で改修経費を安くできる工夫はいくつかある。

自己調達　既製品として販売されているものであれば、自身で調達して工務店には取り付けだけ依頼するという方法がある。例えば、照明器具やエアコン、システムキッチン、システムバス、洗面台、その他の衛生機器、アンテナなどは、ネット上の業者からかなり安く購入することができる。照明器具は、メーカーや照明器具のタイプによっては六割引で購入できることもある。そうなると、私たちが見ている製品カタログの価格は、いったい何なのだろうという疑問が湧くのであるが、それはさておき、これは、改修経費削減にかなり大きな効果であろう。

こうした方法をとるには、まず家の間取り図面を持って各メーカーの展示場（ショールーム）へ出かけ、製品の図面や型番の一覧表を作成してもらうことである。また、現物確認もしておく。これを使ってネット上の複数の業者へ見積もり依頼をすれば良い。業者により、割引率はかなり違うので、よく比較検討する。ネット上の口コミ評価や体験談なども参考に業者を選定する。こうした口コミ情報は、当てにならないこともあるので、十分注意して判断する。あとは、改修工事の進捗具合（工程表）に合わせて、改修現場への配送を指定する。また、注文製作であるキラ刷り唐紙なども、工房で確認してから発注し、工房から建具店（表具店）へ直接送ってもらえば良い。

自助努力とボランティア　この他に、工事の一部、例えば、壁塗りや新材の古色塗りなどを施主自身で行えば、職人の手間賃を削減できる。これは、町家の改修をまさに楽しみながら体験することである。自ら体験することで、町家建築の構造や造りをより深く理解出来るようになるであろう。また、後の手直しの際にも、どう直したら良いかということも考えられるようになる。改修工事に参加し、少しずつできあがっていく過程を見ることは、楽しいものである。ただ、問題は、よほど暇な時間がないと無理なことであろう。

そうした時間が十分取れず、自助努力にも限界がある場合には、町家に興味のある職場の同僚や、友人・知人、その他の人々に協力してもらうことも考えられる。町家改修ボランティアである。このような人たちであれば、楽しみながら参加してくれるであろうし、その後の町家再生・保全のネットワーク作りに力になってもらえるであろう。そうした例は「京まち工房」六十五号で紹介されている。

3-4　再生計画を楽しむ

改修でも新築でも、建物を新たに造るというのは、楽しいことである。ものづくりの楽しさである。ものづくりといっても、手ずからのものづくりではないが、これだけ大規模なものなので、様々な楽しみ方が出来るであろう。

改修プランづくり　最初の楽しみは、**改修プランづくり**である。工務店や建築士と相談する前に、自分なりのプランやアイデアを作っておく。工務店や建築士まかせでは、楽しめない。家の改修をテーマにしたテレビ番組があるが、これを見て不思議に思うのは、依頼者が例外なく、建築士に丸投げにしているように受け取れることである、改修が完了した家を見て感激するというおきまりのパターンが繰り返されている。これから長い時間暮らしていく家が人任せで満足できるのだろうか。人ごとながら心配になる。

実際の改修図面は、工務店や建築士が作図するのであるが、プランやアイデアは、言葉よりスケッチや簡単な図で示した方がよく伝わるようである。工務店や建築士が考えるプランが最良であるとは限らないので、様々な可能性を自身で検討してみる。こうした検討過程が楽しいのである。このとき、

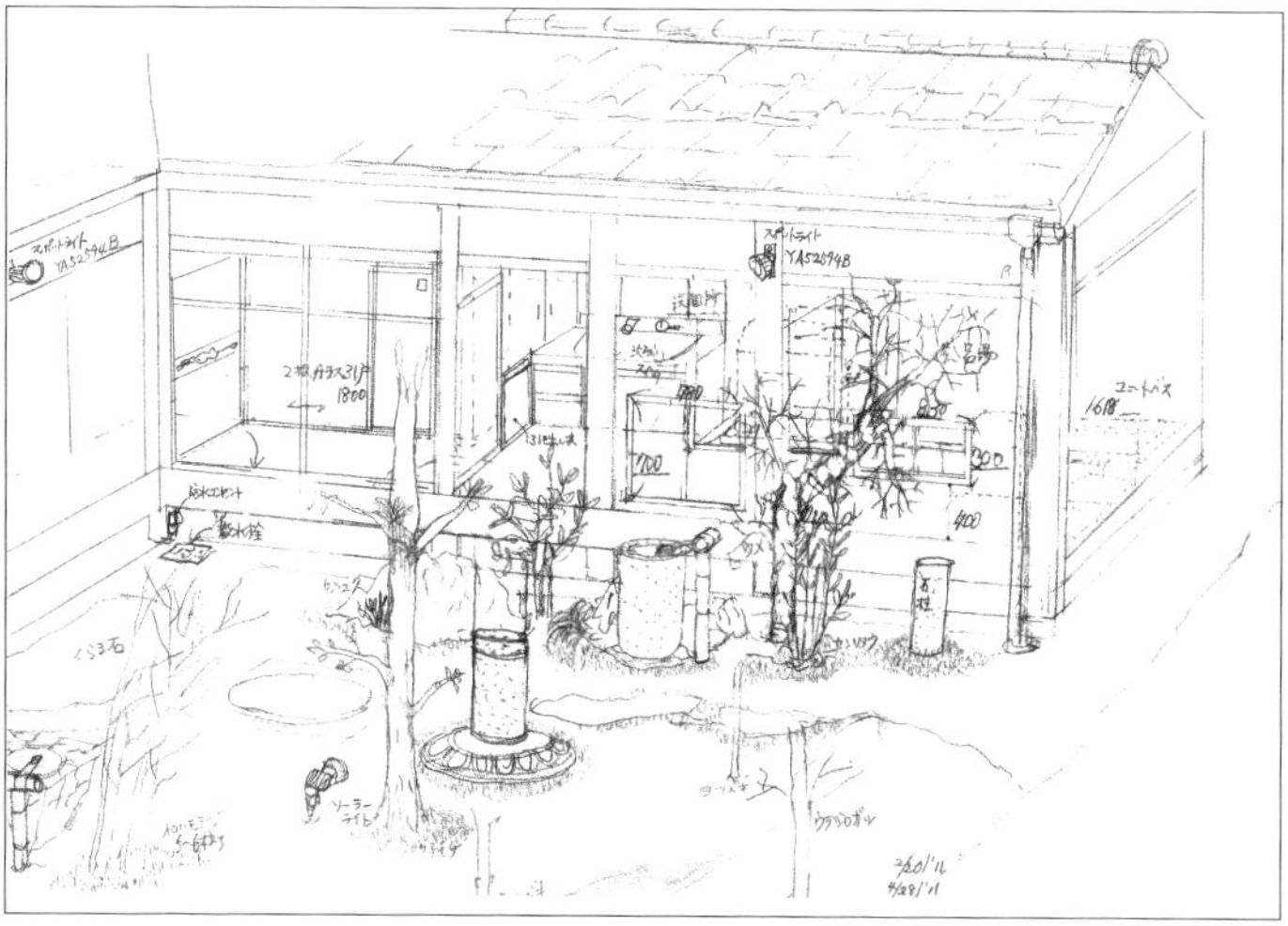

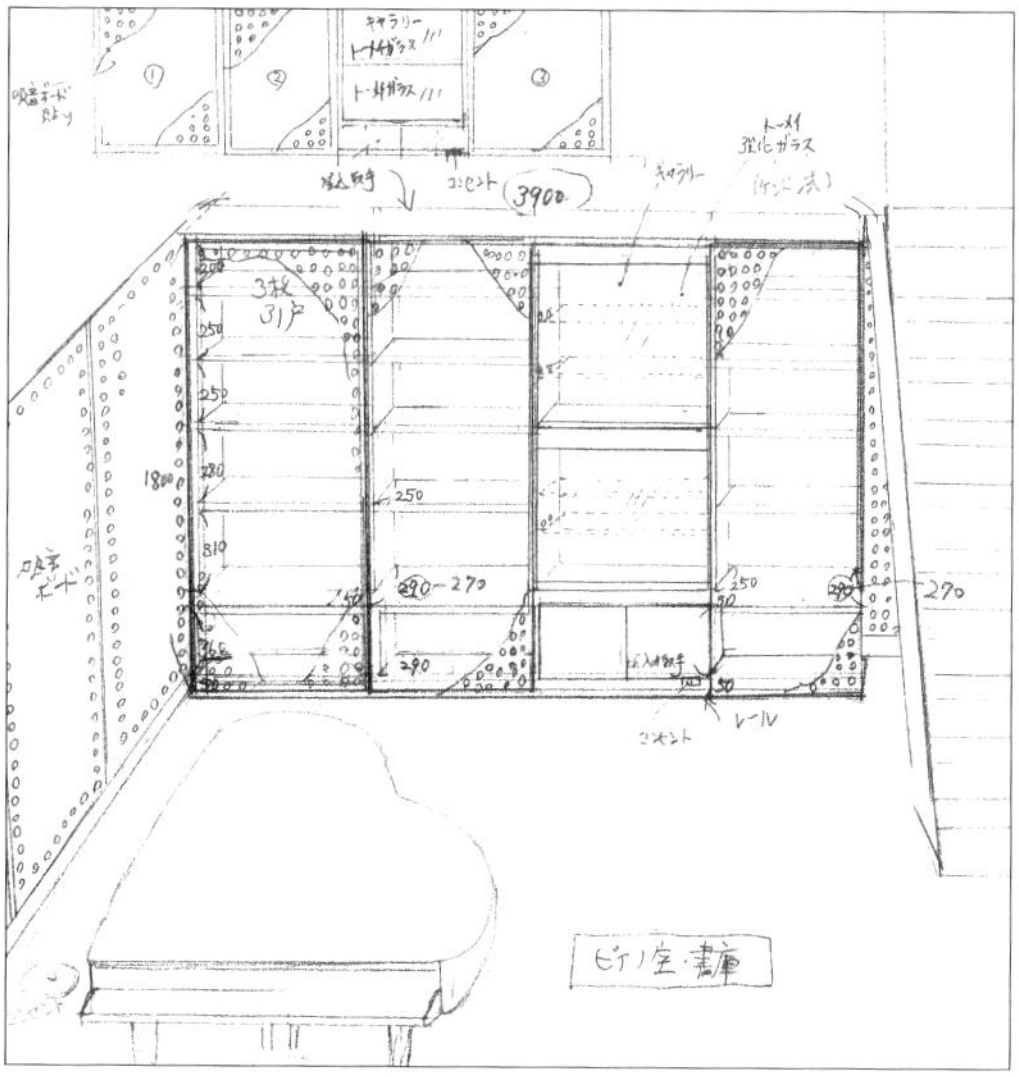

奥庭から見た浴室・洗面所棟スケッチと書庫スケッチ

先に述べた町家の構成と現実的な日常生活の調和を図ることが必要であろう。外観だけではなく、内部も町家の風情を失わないような改修を目指すのであれば、**現代の日常生活にふさわしい内装・設備と町家建築との調和をいかに図るか**という点に腐心することになる（京町家作事組 二〇〇五）。

前頁の図は、浴室・洗面所棟を奥庭から見たスケッチと書庫のスケッチであるが、こうしたスケッチから具体的イメージが把握できるであろう。書庫についても寸法だけではなく、デザイン的な側面もスケッチにより表現できる。こうしたスケッチを部屋ごとに作り、様々な角度から検討してみるのである。**スケッチや図面を描いてみると、様々なアイデアも湧いてきて、わくわくする楽しさがある。**こうしたスケッチや図面を建築士や工務店が設計図に反映させていくのである。

改修の考え方　この九条町家は、茶葉を扱っていた商家で、棟札は見つからなかったが、床板に墨書きで「昭和六年新調」と書かれていたので、建築時期が判明した。昭和六年は、一九三一年なので、築八十年（二〇一一年改修時）ということになる。

改修に当たり外部も内部も町家建築の風情を損なわないようにすることを基本に考えた。また、その上で、ハレ（非日常）とケ（日常）の区別をはっきりさせ、奥の間や本玄関座敷などの**非日常空間は現状維持**としてあまり変更をしないが、寝室や書斎などの**日常空間は快適な生活が実現できるように変更**して、メリハリをつけることにした。新材の使用部分は、周りと同じような色調の古色塗りとした。また、まちセンの町家改修補助を申請していたので、内部から改修を始め、外観部分の改修を最後にまわすこととした。

改修の概要　外観は、看板建築となっていた部分を元の町家の雰囲気に戻し、黄土壁や漆喰壁の塗り直しを行うこととした。看板建築にしたときに、道路側の敷地境界まで外面を出していたのを一メートルほど内側に後退させた。新築時の門口については何も記録が残っていないので、木製格子戸とし、上部に換気用の楕円形開口部を設けることとした。

屋根については、瓦の暴れ（ズレ）や破損が多少あるが、大屋根は、全面的に葺き替えなくともまだ十分保つとのことで、瓦のズレを直し、傷んだ瓦の交換だけ行うこととしたが、一階の小屋根（下屋）は、全面的に葺き替えた。奥庭側の屋根の庇の部分は、一部瓦ではなく銅葺きであったが、銅では酸性雨などにより腐食が進みやすいので、耐候性のある**ガリバリウム鋼板葺き**とした。

壁については、火袋の土壁と漆喰壁、座敷の聚楽壁の仕上げ塗りを塗り直した。火袋の土壁は、塗り直しの必要なしとのことであったが、薄汚れもあるので塗り直すことにした。塗り直すと、美しくなるのは勿論だが、土壁がしっとりした感じになり趣が増したのは予想外の好結果であった。

ミセ土間と玄関土間は、墨入りモルタル仕上げとした。さらに、門口前のスペースも墨入りモルタルで仕上げたが、雨で濡れる部分は、墨色が落ちやすく、一部が白いまだら模様になってしまった。これも味わいと受け取ることも出来るが、雨に濡れる部分の墨入りモルタルは、止めた方が良いだろう。

内部については、すでに通り庭が床上げされていたので、改修にあたっても、使い勝手を考えて、**通り庭の床上げ**により座敷との段差をなくし、**杉無垢材のフローリング仕上げ**とすることにした。よく使われている節だらけの杉板は好みではないので、杉材の等級を上げて、三メートルで節が一個程

階段手すりの装飾

度の節の少ない無垢材を使うことにした。杉は、柔らかいため、傷がつきやすいが、素足の足さわりは、冬でも冷たさを感じないのでとても良い。床上げした通り庭部分は、ダイニングとキッチンにした。

井筒が床上げされた状態でも床上に出ていたので、井筒の上部の石組みを撤去して、床下に納まるようにした。その祭、換気口付きの井戸蓋を乗せ、さらに点検口を設けることにした。後知恵であるが、撤去した井筒の石組みは、奥庭の添景物として再利用すべきであった。

ダイドコの間は、冬期の居間として使うことを考えた。それは、特に冬は、火袋の下のダイニングでは寒く、食事その他の日常生活を行うことは無理であろうと考えたからである。実際、エアコンは、最大の五〇クラスをつけたが、暖房の暖気は上昇してしまうので、やはり無理であったが、逆に夏季の冷房の方は、快適に使うことができた。ダイドコの間を掘り炬燵とガスストーブで暖房することにしたが、ダイドコの間は、さほど大きな空間ではないので、短時間で暖まり、掘り炬燵も快適であった。

奥の間は、ハレの空間（非日常空間）なので、来客用として使うことを念頭に、冷暖房を全く考えない訳にもいかないので、エアコンだけ取り付け、雪見障子と廊下の大型木枠ガラス四枚引き戸をそのまま使うことにした。

浴室と洗面所は、現代の日常生活に合わせて、ユニットバスとシステム洗面台を設置することにした。

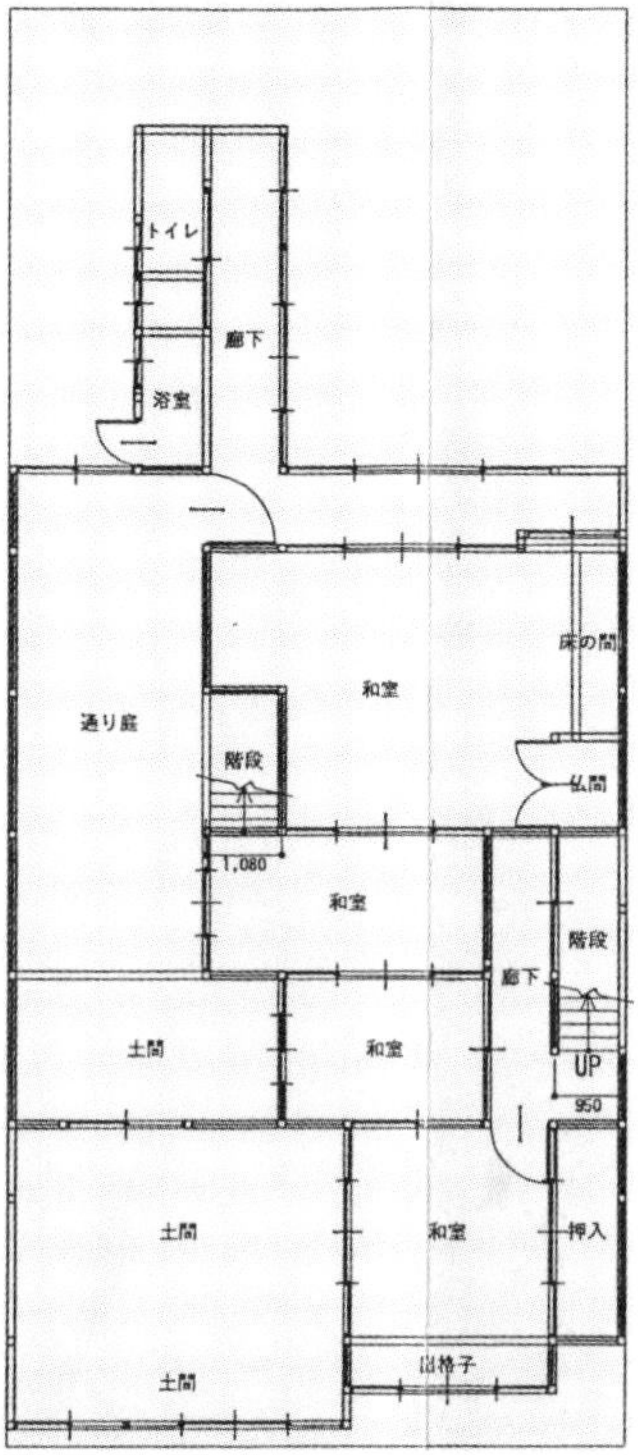

一階平面図

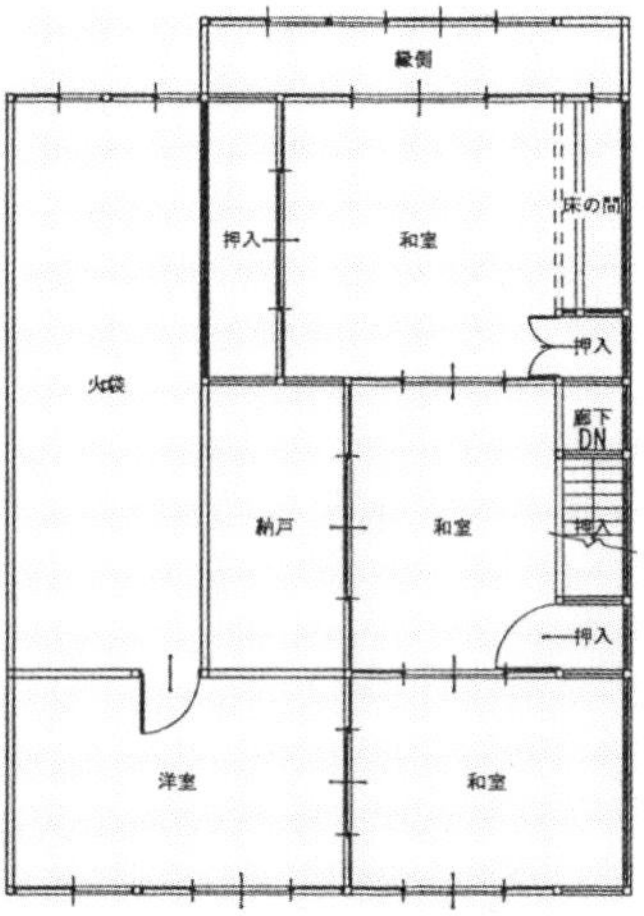

二階平面図

九条町家の現況図（改修前）

階段は、既存の階段がやや急であることと、足が乗る蹴込み部分が短いため、撤去し、傾斜を緩やかにして上り下りが楽になるように既製品の階段と交換することにした。

二階道路側は、**寝室、書斎、クローゼット**の三部屋とすることにした。この三部屋は、日常生活空間なので、窓部分にインナーサッシを使い、気密性を高めた。中の間と納戸については、中の間の一部を廊下として残し、残りは個室とした。個室の窓を火袋に向けて開け、明るさと通風を確保した。

二階奥の間は、一階奥の間と同じように、エアコンだけを取り付けることとし、来客の宿泊の便を考えて、廊下の端に洗面台を設けた。これは使い勝手が良かった。また、階段空間を利用して二階にトイレを増設したが、給排水は、階段の壁のコーナー部分を通し、目立たなくした。

建具の転用と断熱対策　建具は、必要な箇所に転用することにしてほとんど再利用したが、足りない分は、古建具専門店から購入した。一階床下（廊下も含む）に断熱材を入れ、二階天井裏には断熱材を敷き、町家といえども出来るだけ断熱性を高めるようにした。

洗いと清掃　木部は水で洗い一、二階の天井裏は埃の清掃を行った。築八十年ともなれば、かなりの埃が天井裏に堆積していた。木部も洗うと木の艶が出て、照明器具の灯りで輝くことが分かった。当初は、洗いと掃除のことを軽んじていたが、これは認識不足であることを痛感した。改修には、**木部の洗いと天井裏の清掃は必須**である。

電気・ガス・水道　電気系統は、すべてやり直し、新たに60A用分電盤に交換した。地上ディジタルとBS、光通信に対応したルーターの出力をまとめた**情報コンセント**を各部屋に設置した。電気配

解体後の一階奥の間座敷廊下（左）と二階の床組（右）

線も隠蔽配線として、柱と壁の際を少し削って電線を通した後、壁を塗り直した。ガス栓は、ダイドコの間とダイニング部分の二ヶ所に床埋め込み型として設置した。水栓は、門口に一ヶ所、奥庭の手水鉢の筧用に二ヶ所、散水用に一ヶ所設けたが、門口の水栓とセットで排水口を設けなかったのは失敗であった。雨が降ると、歩道と敷地の境に水たまりができやすいことがあったからである。

照明器具　ミセの間の土間に残されていた照明器具は、昭和初期の趣のあるものだったので、ソケット部分と電線は交換してそのまま利用したが、その他はすべて新しく購入した。火袋の梁には**配線ダクトレール**を設置し、照明器具を自由に動かすことができるようにした。こうしておくと、照明の明るさや角度の調整、照明器具の増設が簡単にできる。座敷には、古いものを模した照明器具を用いた。複数のメーカーが趣のある照明器具を販売している。京都には、古い照明器具を専門に扱う店もあるが、古い物にこだわるのであれば、それよりも、時間は掛かっても骨董市で古い照明器具を探す方が楽しい。

奥庭の照明　夜の奥庭を美しく演出するためには、ライトアップは欠かせない。建物の壁の異なる方向二ヶ所にハイビーム球（現在では、ハイビーム型ＬＥＤ電球）の外部照明器具を取り付けたが、樹木のライトアップ用のソーラー式照明器具に適当なものがなく、日曜大工用品店で購入したものは、光量不足で満足のいくものではなかった。最近は、ＬＥＤを多数組み込んだソーラー式庭園灯もあるので、こうした照明器具を使えば光量不足の問題は解決できよう。

インナーサッシとエアコン　町家は冬寒いといわれるが、これは木製建具の気密性の低さからくるものであろう。さらに古い町家では、経年により木が痩せて、建て付けが悪くなり、隙間が広がっていることによると思われる。この問題への対応として、部屋内部に**インナーサッシ（複層ガラス仕様）の取り付け**という方法がある。この方法だと外観は、町家の意匠を損なうことなく、日常生活の寒さを防ぐという要請にもこたえられる。サッシ取り付けのため、六〇ミリほど壁を室内側にふかす必要があるので、壁の中に断熱材を入れ、天井裏にも断熱材を敷いておけば、複層ガラスとあいまって、マンションの断熱性・気密性と比べても遜色はない。道路面から、古い木枠ガラス引き戸、次に防音サッシ、さらにその内側にインナーサッシという三層構造にすれば、気密性と遮音性をともに実現できる。インナーサッシだけでも、防音効果はあるので、交通量の少ない道路であれば、インナーサッシだけでも十分であろう。

エアコンも現代の日常生活には欠かせない機器である。座敷にエアコンをうまく調和させて取り付けるのはやや難しいが、**隠蔽配管**を考えることで、室内機は露出しているとしても、配管が見えないので、あまり違和感はないであろう。室内機も薄いタイプのものを選ぶ。エアコンの能力は、京間なので、カタログの適用面積よりもう一段容量の大きいものを選んでおく。

3-5　改修工事管見――改修工事から見えてくること

改修工事の第一段階は、すべての建具や畳などを取り外し、不要物の撤去などを行うことである。その後の内部を点検して見ると、この町家の特徴がいくつか明らかになったので、それらを見ていこう。

基礎の構法　基礎は、江戸期以来の独立した石の上に柱が乗る**一つ石**という形ではなく、鉄筋コンクリートの**布基礎**《ぬのきそ》の上に**葛石**《かずらいし》（御影石）を据え、その上に柱が乗るという形になっていた。これは、明治維新以来の西欧建築の影響を受けたものといわれる。現代の住宅建築に近い基礎の造りである。町家建築も様々な形で時代の影響を受け、変貌していることの証左である。

鉄筋コンクリートの布基礎の上に葛石（御影石）を据えている

ほぞ穴のある古材を転用した床組（開口部は地下室の換気口）

古材の再利用　外から見えない床組の材には、解体された町家の部材が使われていた。こうした部

ミセの間の床下通気口（框は桜材）

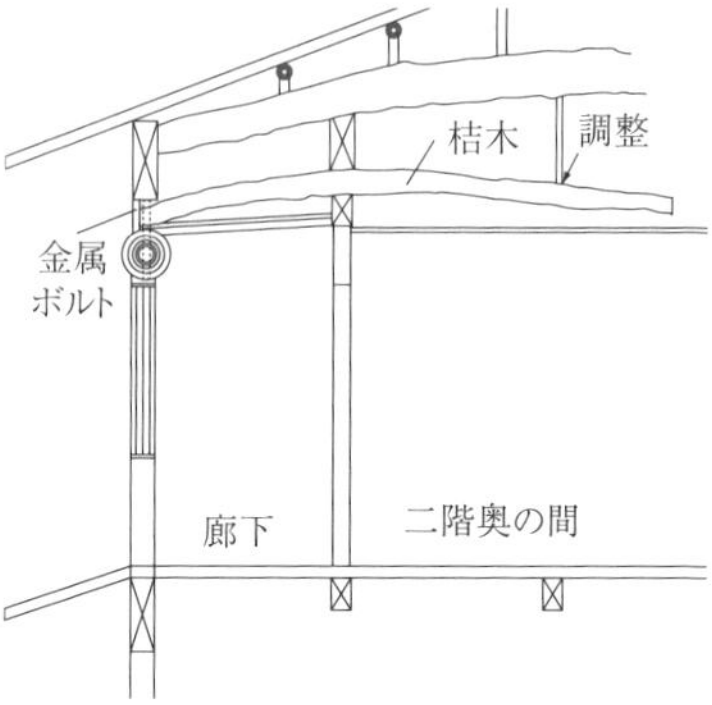

桔木構法の仕組み（断面図）

材には、ほぞ穴が掘られていることから、別の場所で使われていたことが想像される。こうした部材の使い回しは、よくあることらしく、今でいえば、エコな考え方ということになるのであろう。ただ、見えないところの部材すべてが使い回されたものというわけではなく、二階の床組では、新材が使われていた。

通気口　土台部分をよく見てみると、土台の上の柱はシロアリの食害を受けていないことが分かった。それは、この場所が風通しの良い場所であるからであろう。夏の時期の改修工事ではあったが、工事現場にはいつも風が吹いていたので、この場所の通風の良さを体感した。そして、床下は、奥庭から奥の間、ミセの間へと、あるいはその逆に風が通るように、ミセの間の床下に通風口が開けられていた。こうした風の通り道を作ったことが、湿気がこもるのを防ぎ、シロアリの食害も防いだのであろう。床上げした通り庭にも可動式通気口を設置し、冬期の通風を調節できるようにした。

桔木構法　梃子の原理で屋根の荷重を支える構造を**桔木《はねぎ》構法**というが、これは、柱を省いて広い開口部を確保するために用いられる。この町家では、二階奥の間の廊下部分の開口部（幅約五メートル）

一階奥の間の座敷飾りに対面する床の間

を柱なしとするため、桔木構法が用いられていた。社寺建築ではよく見られるが、町家ではあまり多くはない。加敷造りの軒の場合と同様に、梁を支点にした梃子の原理により軒先の荷重を支えている。廊下から見える化粧丸梁と桔木は金属ボルトで接合してある。軒先が垂れた場合には、桔木を調整することで、垂れた軒先を元に戻すことができる。

対面する床の間　一階奥の間に設えられた座敷飾りに対面する形で床の間が造られていた。最初は、この空間がどのように使われたのか不明だったが、どうやらこの空間は、座敷飾りの床の間に対面するもう一つの床の間のようである。座敷飾りのある方が上座であり、大切な客人をもてなす場合、上座に座った客人には、床の間に掛けられた掛け軸や違い棚に飾られた工芸品が見えない。その代わりに、対面する床の間に掛け軸や置物などを飾ったのだと思われる。**おもてなしの心を一つの形にしたもの**といえよう。この床の間は、座敷の畳と同じ高さなので、**踏込床**《ふみこみどこ》ということになる。

地下室　奥の間の下に十畳分の地下室があった。町家で本格的な地下室を設けている例は、あまり多くない。あるとしても、後述するように戦時中に造られた簡易なものである。この地下室は、分厚い鉄筋コンクリート製のもので、換気口に露出していた鉄筋の直径は二〇ミリほどあった。おそらく茶葉を納めた茶壺の保管のために造られたものであろう。地下へ降る部分の天井には、滑車を吊るすための鉄製の太いフックが設けられていた。耐震診断

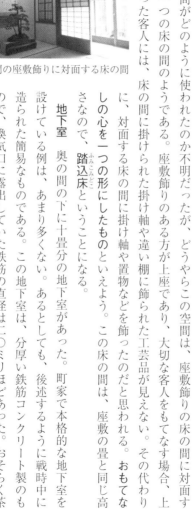

の際は、こうした地下構造物は、通常マイナス評価になるが、これだけ頑丈な地下構造物なので、マイナス評価にしないとのことであった。

戦時中には、防空壕代わりに使われたこともあったようで、隣家の先代は、この地下室に避難したことがあると話していたそうである。京都は、東京や大阪など大都市が組織的・大規模な空襲を受けたのとは異なり、西陣（上京区）や馬町（東山区）などへの散発的な空襲であったようである。町家に造られた地下室は、そのほとんどが戦時中の防空待避所とも呼ばれた**家庭用防空壕**であるという。建築士有志による最近の調査（江口 二〇一六）によると、戦時中に防空壕を各家庭で造ることが推奨されたようで、町家の床下や奥庭の下などに多く残されているようである。隣家が解体されたとき、ミセ土間の下に煉瓦積みの浅く掘られた長方形の防空壕を確認できたが、この例のように、そのほとんどは素人のにわか造りの簡易的なもので、東京や大阪など大都市の大空襲の惨状を見れば、実際には何の役にも立たなかったであろうことは想像に難くない。

この地下室は、音楽室兼書庫として利用することにした。仕上がり天井高は一・九メートルと低いので、ピアノを弾いたときの反響音を小さくするため、天井に吸音材、壁に有穴ボードを用いた。こうした対策の結果、適度な反響音となり、特に問題はなかった。また、夏季の最も暑い時期でも最高室温が摂氏二五度を超えることはなく、地下室へ降りていくと、汗がすっと引いていく。真夏のオアシスである。ただ、夏季は湿度が高い傾向にあるので、除湿運転のエアコンを使うことがある。

建具の意匠デザイン　京町家の建具や化粧材には、さりげなくも華奢で手の込んだ装飾が施されて

障子のデザイン

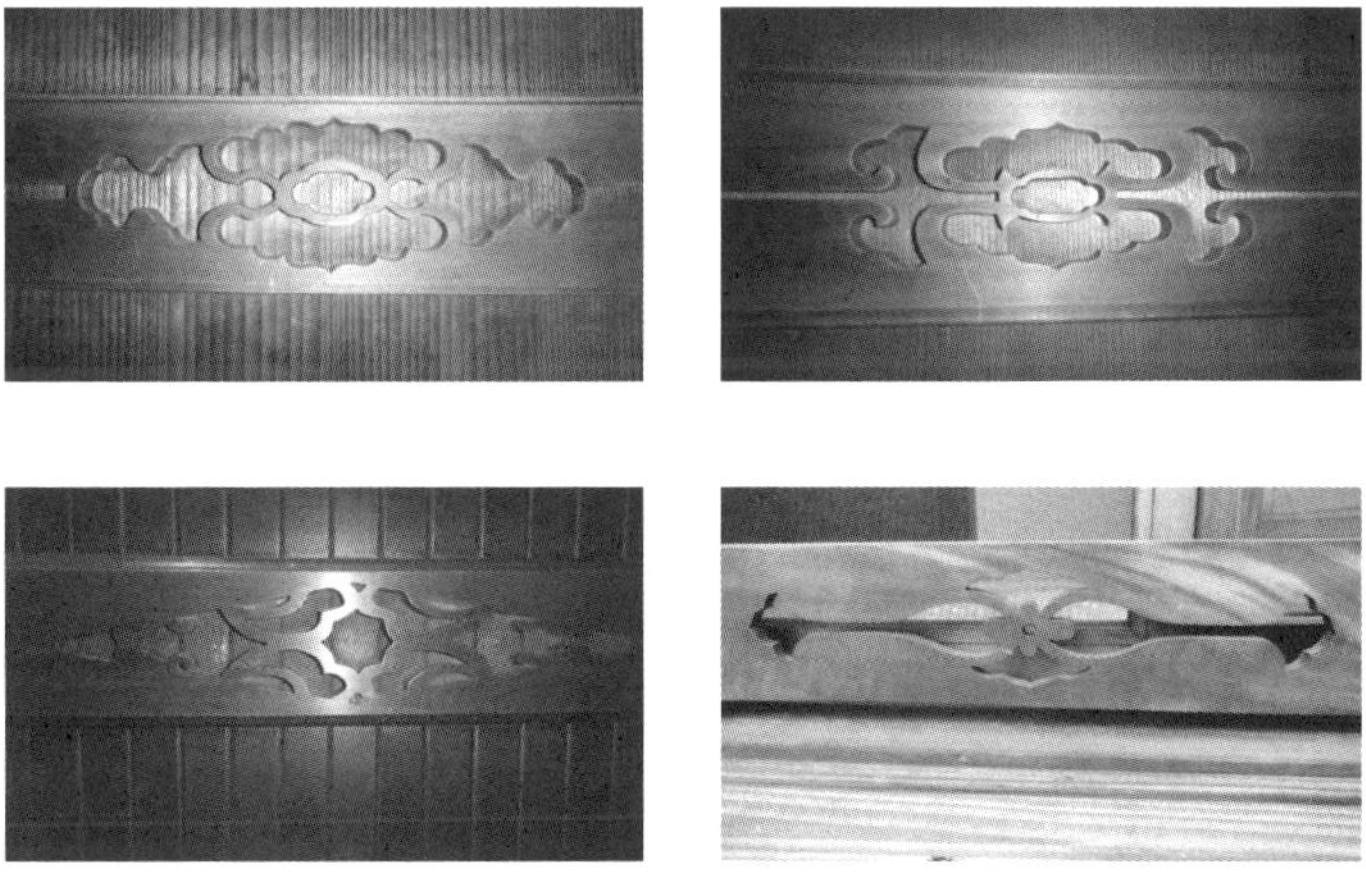

板戸他のデザイン

いる。これらを障子と板戸他に分けて前頁にまとめてみた。これらのデザインを見ると京町家の意匠の繊細な感性に感嘆するのである。

3-6　工務店選びの顚末記――楽しみから奈落へ工務店に振り回される

工務店選びには、本当に難儀した。ネットやまちセンの企画に参加した折に得られた口コミ情報を参考にしたのであるが、肯定的なものは少なく、決め手がなかった。

ネット検索で出てきたA工務店のホームページを見ると、良いことがたくさん書いてある。もっとも、どこでも都合の悪いことは書かないが。町家改修費の目安として、大屋根の吹き替えを含め、新築時の状態に戻して、一平米七万円、坪二十三万円とある。これなら、電気・ガス設備の更新やユニットバス、システムキッチンを入れたとしても、坪単価三十万円程度で出来るように思えた。そこで、A社まで出向いて、現況図と現場写真を見せると、造りの良い町家であることはすぐ分かったらしく、こちらの改修予算額も隠さず伝えたところ、乗り気になった様であった。この時点で、その予算では無理だといわれたら、諦めたのであるが。

その後、十二月初旬の最初の現場確認から、何度かの現場確認を経て、改修図面の作成が始まったのであるが、改修図面がなかなか進まず、二月着工予定が四月着工予定にずれ込むことになってしまった。しかも、三月中旬にようやく出てきた見積額は、こちらの予算額を一千万円近くも超えるものであった。ここまで、こちらの予算額の範囲内におさめると何度もいわれていたので、こちらは安心して見積額の提示を待っていたのである。これはかなりのショックで、一晩眠れなくなるほどであった。

過大な見積もりの謎　見積書の中身を調べてみると、かなり過大な見積もりになっていると感じた。その一例を挙げれば、階段の取り外しだけに、七人工とあった。これは、取り外しに一日仕事で七人の大工が必要だということ、言い換えれば、一人の大工だと七日間かかるということである。これはいくら何でも過大であろう。この理由を聞くと、町家だから丁寧にしないといけないからということであった。全体として、坪単価四十四万円程度の見積総額であったが、これだけ過大な見積もりでも、この位の金額なのであるから、他の事例で聞かされた坪単価八十万円というと、どれだけ儲けるのかと思う。こうした見積額を出してきた背景には、真相は定かではないが、こちらよりもっと美味しい話があって、こちらから断らせるように仕向けたのではという思いがする。四ヶ月ほどの時間の浪費であった。

これでは、もう改修は無理ではないかといささか絶望的になってしまった。町家は取得できたが、改修できない最悪の事態である。ここで、いったん中断するという選択肢もあった。後から振り返ると、ここで中断してもう一度考え直した方が良かったのではという思いがあるが、何とか気を取り直して、改めてネットで調べたいくつかの工務店に声をかけ、現地確認の上、見積依頼をした。ところが、A工務店のことがトラウマになったのであろうか、今度は安い見積額にひかれて、K工務店に依頼するという失敗を犯してしまったのである。

失敗した工務店選び　最大の失敗は、町家改修の経験がわずかで、町家改修への見識がなかった工務店を選んでしまったことである。細かいことを挙げれば切りがないが、中でも問題なのは、増額となる設計変更は、ほとんどなかったにもかかわらず、かなりあった減額分には頬被りして、水増しした増額分をいい立ててきたことである。こうなると当初の見積もりは何だったのかということになる。工事契約前は、こちらの念押しに対し、見積額を超えた請求は一切しないと自ら宣言していたのだが。そして、最後はどんぶり勘定で、請求してきた増額分の半分ほどで手を打てという始末。これは、半分ほど譲歩したように見せるための水増しした増工事金額である。さらに、増額分を認めないと鍵を渡さないという挙に出ようとした。これは何とか、止めさせて、事なきを得たが、さんざんなことであった。こういうことがあるので、工事契約の際には、増減工事費精算は、物件引き渡し後とした方が安心できる。こうなると町家改修も、楽しくもなくなり、難行苦行というより、憤懣やるかたない思いで一杯になった。そして極めつきは、代金を支払ったとたん、留守電にしたまま電話にも出なくなり、最後は、「もうお付き合いは出来ません」という捨て台詞まではかれてしまったのである。

建築業界の悪弊　こうした工務店と対抗するには、こちらも相当なエネルギーがないと無理であろう。二十五年ほど前に、共同で土地を購入し、集合住宅を建てるという「コーポラティブハウス」に参加したことがあり、そのときの増減工事費精算にあたり、工務店から増工事分約六十万円を請求されたことがあった。このときは、見積書を自分自身で精査して、逆に工務店から五万円ほど取り返すことが出来た。つまり、約六十五万円も水増し請求だったわけである。今から振り返れば、これはこちらも若かったから出来たことなのかもしれない。今回の町家の改修では、この業界の悪弊が未だにあることを実感したが、大手不動産会社が行っているリフォーム事業のパンフレットを見ると、完全定価制をうたっている。これは、そうではない工務店もあるとは思うが、いまだにこの業界にこうした悪弊がまかり通っていることの裏返しなのであろう。

施主と工務店の間のジレンマ　工務店は出来るだけ儲けを増やそうと考え、施主は、出来るだけ改修経費を少なくさせたいと思う。これは、心理学で扱うゲーム理論の枠組み、すなわち利害が対立する二者の間のジレンマ状況であろう。自己の利益を大きくしようとすれば、相手を裏切ること、つまり当初の見積もりを破棄するになる。この工務店は、まさに、こうした挙に出たのである。工事中には、「これからの長いお付き合い」ということを何度もいっていたのだが。一方、両者とも協力して、ほどほど満足する結果が見つかることも考えられる。施主と工務店の「長いお付き合い」というのは、こうした双方のほどほどの満足という解なのであろう。

町家保全の新たな視点　ゲーム理論の枠組みでは、両者とも同じ情報・知識をもつことが前提であるが、施主と工務店とでは、知識に大きな差があり、こうした前提を適用するには無理があろう。いずれにせよ、町家の再生と保存をこのようなジレンマ問題として扱ってよいのかという疑念を払拭できないでいる。もしこうした枠組みからの分析が妥当だとしたら、それから導出される結論は、施主も工務店も、**目先の利益の最大化という短期的視点ではなく、長期的視点に立ち、町家保全という意義を共有して、その結果として利益を求めること**ではないかと思うのである。そうした**町家保全の意義を共有できる工務店を見つけていくこと**が今後の課題であろう。

4. 町家暮らしを愉しむ

町家の再生・保全を進めるには、町家の価値や魅力がどのようなものなのかを明らかにしていくことが必要不可欠である。町家の価値や魅力が十分理解されれば、町家の再生・保存の大きな力となるであろう。先に述べたように、町家は、そこに住んでこその魅力があり、価値を実感できると思うのである（伊藤 二〇一四・二〇一五）。

それでは、町家暮らしには、どのような魅力があるのだろうか。住んでみて実感できる町家暮らしの魅力と価値について、座敷と座敷飾り、奥庭と植え込みの二つの側面から述べてみよう。**座敷と座敷飾りの魅力の源泉となっているのは、障子や御簾が生む隠翳《いんえい》の価値であろう。また、奥庭と植え込みの魅力の源泉も、やはり深山幽谷《しんざんゆうこく》という言葉が表すような植栽と石組みが生み出す隠翳の価値に帰着する**であろう。

4−1 陰翳礼讃——障子や御簾が生み出す光と影を愉しむ

日本家屋の座敷の美とは何か。また、その美はどこから生まれるのか。谷崎潤一郎は、『隠翳礼讃《いんえいらいさん》』の中で、こうした問いの考察を行っている。谷崎は、初めに、寺院の厠こそ、薄暗い光線と苔の匂いを嗅ぎながら静かに瞑想にふけることの出来る至福の場所であることを指摘し、薄暗さと静けさこそがその要件であるという。日本家屋では、座敷から先に廊下や縁側を出し、そこへ庇を深くさしかけ、光を座敷から遠ざけるような造りになっている。そして、庭からの光は、障子を透かしてほのかな明るさとなって座敷に忍び込んでくる。この間接の鈍い光が座敷の美の要素であり、「**日本の座敷の美は全く隠翳の濃淡に依って生まれている**」と断言している。

障子は、和紙を通したほのかな明るさの光を座敷に届ける働きをしている。それが雪見障子であれば、障子を上下に動かすことで、明るさの調節ができる。夏季になれば、**建具替え**により、障子が外され、そこに**御簾**《みす》が吊られる。これが**夏の室礼**《しつらえ》である。御簾は、障子の和紙よりは粗いので、より明るい光が座敷に入るが、それでもそこにわずかな隠翳のグラデーションが生まれる。こうした鈍い光が襖のキラ刷り唐紙に反射し、文様を浮き上がらせ、あるいは無地に見えるように文様を消すのである。一日の光の変化で、座敷の襖は、様々に表情を変える。こうした**襖の表情の変化を味わうのは、町家暮らしの愉しみの一つ**であろう。

江戸時代までの生活は、燭台のぼんやりした明るさの中で行われ、現代の照明器具のぎらぎらとした明るさの中の生活とは対極の世界である。その生活の中で使われた金屛風《きんびょうぶ》、金蒔絵《きんまきえ》の漆器、金襴《きんらん》の衣裳、表具の金襴裂《きんらんぎれ》などは、ほのかな明るさの中でこそ鈍い輝きを放つのである。これは、谷崎が述べているように、これらに施された金箔が座敷へ入ってくるほのかな光のリフレクターとして働き、照り返しているからである。それが現代の明るい照明のもとでは、けばけばしく、本来の美しさとはかけ離れてしまう。

例えば、江戸時代に作られた金襴の衣裳をふんだんに使った豪華な**古今雛**《こきんびな》（安永期頃に登場し、「古

江戸中期大型享保雛

平家物語屏風（江戸初期）

今雛」と名付けられた江戸の雛人形）や**享保雛**《きょうほうびな》（古今雛登場以前に京都で作られていた雛人形）も、座敷の鈍い光の中に飾ると、おそらく江戸時代に鑑賞されていたように、人形の後ろに飾られる金屏風や人形の金襴の衣裳が鈍い輝きを放ち、人形を艶めかせるのである。まさに、**町家の座敷は、こうした工芸品を愛玩するの**に**ふさわしい空間**といえるであろう。

4-2 座敷飾りの魅力――美術品・工芸品を愛でる

座敷飾りは、床柱と違い棚から構成され、美術品や工芸品を飾る特別な空間である。床柱を中心にして左右に掛け軸を飾る空間（**床の間**）と違い棚のある空間（**床脇**）に分けられる。床の間には、床《とこ》框《かまち》という黒漆塗りの平行材がつけられ、座敷より一段高く、段差を設ける。段差をつけない場合は、**踏込床**《ふみこみどこ》という。違い棚のある空間の上部には**天袋**、下部には**地袋**がつけられる。書院造りの床の間では、床柱は、角柱であるが、数寄屋造りの床の間では、丸柱やその他の銘木が用いられる。書院造りの床の間には、通常、廊下側に採光のための**付け書院**が設けられ、出窓のように奥行きをもたせ、そ

書院造りの座敷飾り（左）と数寄屋造りの座敷飾り（右）

こに欄間と障子がつけられる。出窓状の書院を**出書院**、出窓状になっていない書院を**平書院**という。**書院の欄間や障子の造りは、床の間の見所の一つである。**写真の例では、書院造りの床の間には、檜の角柱が、数寄屋造りの床の間には、赤松の丸柱が使われている。これらの例では、二重に小壁（下がり壁）を造り、その下の畳との境を一枚板の板張りとした重厚な造りにしている。町家でこのような豪華な座敷飾りが造られるようになるのは、明治期以降である。

町家の座敷飾りは、江戸時代には、かなり質素なものであったが、明治期以降は、財力に応じた豪華なものが作られるようになる。明治村に移築されている江戸末期建築の名古屋の町家（東松家住宅）を見ると、一階の座敷飾りは、奥行きの浅い床の間と違い棚もない天袋のみの空間という、驚くほど質素なものであった。また、座敷の鴨居の上に取り付けられる装飾部材である**長押**《なげし》が造られるのは、やはり、明治期以降である。座敷の鴨居に長押を回していないのは、建築時期が古いことを表していることになる。

床脇の飾り　「文阿弥花伝書《もんあみかでんしょ》」の座敷飾り絵図を東京国立博物館で見たことがある。文阿弥《もんあみ》は、室町から戦国時代にかけて足利将軍家に仕えた華道家であり、花伝書は、生け花とともに、掛け軸、盆栽、その他の工芸品の飾り方を絵図として示した指南書である。これを見ると、床飾りは、掛け軸と生け花が中心となっていることがわかる。季節の移ろいを掛け軸と生け花に映すことで、季節の変化が座敷飾りを通して愉しめる。**季節の移ろいとともに、奥庭の木、草、花を採り、それらにふさわしい花器に生けると、奥庭の自然の気配が座敷へと移される。**また、違い棚には、金銅製の置物や漆器、その他の工芸品を同じく季節の移ろいに合わせて飾ると、床の間飾りと相まって、座敷の趣をより一層深めるのである。写真は、鋳金彫刻家であった義祖父の作品（東京国立博物館蔵）であるが、夏に違い棚に飾ると夏季の風情を感じさせてくれるであろう。

加納晴雲作「蔬《そ》菜《さい》置《おき》物《もの》」（著者撮影）

床の間の飾り　床の間にどのような掛け軸を飾るかは、主人の趣味や客人の好みを考慮して決められるが、いずれにせよ、主人の審美眼が試される。私は、江戸絵画が好きで集めてきたので、これらを季節に合わせながら、花鳥図、美人図、山水図、和歌、大和絵などを飾って愉しんでいる。谷崎潤一郎が『陰翳礼讃』の中で、「掛け軸を掛けるにも、床の間の壁との調和、つまり「床うつり」を第一に貴ぶ」といい、「古画の持つ地色や表具の裂などの古色が床の間や座敷の暗さと適宜な釣り合い保つ。……（中略）……軸を選ぶのに時代やさびを珍重する理由はここにある」と述べているが、まさに至言である。

江戸絵画を愉しむ

江戸期の絵画を床の間に飾ると、これらは、かつてどこかの町家の床の間に飾られていたであろうと時空を超えた思いに浸ることができる。江戸時代には、経済力をつけた町衆の床の間は、武家や公家の床の間より質素ではあったが、当時の人気絵師だった円山応挙《まるやまおうきょ》やその門人達、あるいは、応挙一門と競い合っていた絵師達の作品が飾られ、鑑賞されていたのである。江戸時代には、公家や幕府、各藩に召し抱えられた御用絵師（狩野派や土佐派など）から町絵師（円山派ほか）まで、また、町絵師の中でも、円山応挙や伊藤若冲《いとうじゃくちゅう》などの著名な絵師から無名の絵師まで、あまたの絵師がいた。現在では、こうした江戸絵画は、美術館で見るものとなり、絵画鑑賞の本来の姿が失われつつあることは残念である。現在でも、社寺はもちろんのこと、京都市中の町家に多くの江戸絵画が残されているという。祇園祭の宵山《よいやま》、宵々山《よいよいやま》では、各家の家宝である屏風や掛け軸を飾って見せる習わしがあるが、江戸絵画を目にすることは希である。**こうした江戸絵画を季節ごとに、床の間に飾り鑑賞できるのは、町家暮らしの魅力の一つといえる。**

佐伯岸駒筆「巌上孔雀図（部分）」江戸時代

ここに挙げたのは、円山応挙と同時代に京都で活躍した町絵師佐伯岸駒《さえきがんく》の「巌上孔雀図《がんじょうくじゃくず》」である。孔雀図といえば、円山応挙の描いたものがよく知られているが、例えば、京都の相国寺が所蔵する応挙の「孔雀図」を「静」とすると、岸駒の描いた「巌上孔雀図」は、応挙に対抗するかのように、孔雀に見得を切らせたと思わせる、「動」というべき迫力に満ちている。

絵師同士が競い合っていた華やかな時代を彷彿《ほうふつ》とさせる作品である。江戸時代の絵師達は、狩野派や円山応挙、伊藤若冲など一部の町絵師を除けば、高く評価されているとはいえない。しかし、例えば、ここに挙げた佐伯岸駒や大坂画壇の月岡雪鼎《つきおかせってい》を始めとするその他の町絵師達ももっと高く評価されて良いと思う。

町家の室礼《しつらえ》と座敷飾りの意味を再認識することを目的とした企画（京都市景観・まちづくりセンターの京町家再生セミナー「京町家で江戸絵画を楽しむ：座敷飾りの魅力再発見」二〇一四）を行ったことがあるが、町家の床の間に飾って鑑賞されていた本来の姿で江戸絵画を愉しむことを通して、床の間という掛け軸を観賞するための特別な空間の意義を改めて認識できた。**床の間は、いわば個人の美術館のような機能を果たしている**のである。

4-3　奥庭の景色――「市中山居」の趣を愉しむ

先に述べたように、「市中山居《しちゅうさんきょ》」という、町中に居ながら、山の中に住んでいるかのような町家の庭の風情を実現するには、石灯籠を中心とした石組みとクロガネモチの主木から構成される庭に「深《しん》山幽谷《ざんゆうこく》」の趣を取り入れるのである。このため、シダや苔を使うことが一般的ではあるが、さらに、雪割草、カタクリ、風蘭などの山野草を取り入れることで、さらに野趣のある庭ができる。こうした**植栽と石組みによって生まれる植え込みの隠翳こそが町家の奥庭の価値**なのである。

石組みを愉しむ　奥庭の景色は、大小様々な石組みによる空間から生まれる。その中心は、古く趣のある**春日型石灯籠**である。庭師によると、灯籠の火袋の削り出し方が古い形式とのことであるが、石自体の風化具合からもかなり古いことがわかる。この石灯籠は、庭を一段高くして据えているので、庭の立体感と奥行き感を高めている。この石灯籠の他に、御影石の棗《なつめ》型手水鉢と自然石を活かした手水鉢が置かれ、大きな賀茂石を始めとする大小様々な景石の石組みが変化に富んだ庭空間を構成している。

早春景を愉しむ　まだ冷たい空気の中にも日差しが少し暖かく感じられる三月になると、春の到来を告げる**カタクリ**が地中から二つの葉を覗かせ、そのいくつかには花芽が同時に出て、やがて薄紫色の華麗な花を咲かせる。このカタクリは、おおよそ一ヶ月の間に葉を落とし、晩春には地上から姿を消してしまう。

春日型石灯籠と石組み

カタクリの開花（三月中旬）

夏景を愉しむ　五月から六月にかけては、**ウチョウラン**（羽蝶蘭）の可憐な花が楽しめる。ウチョウランは、前年の秋に、葉が枯れてから、球根を地植えしたところ、翌年の春には芽吹き、やがて六月中旬には薄紫色の美しい花を咲かせた。地植えして開花することは、きわめてめずらしいという。「ありえない！」といわれてしまうくらい希なことらしい。奥庭がまさに「深

地植えしたウチョウランの開花（六月下旬）

山幽谷」のような山野草にとって良い環境になっているのであろう。花は、おおよそ一ヶ月楽しめる。

七月になると、クロガネモチに着生させた**風蘭**の開花が始まり、庭にかすかに甘い気品のある香りが漂う。この香りは、東洋蘭の香りとして日本の化粧品メーカーの香水にも用いられていた。以前、萩を訪れた折、大きな屋敷の一部をカフェとして使っていた店で、いくつもの巨石を配した立派な庭のクロガネモチの大木に着生して大きな株となった風蘭を見かけたことがある。特に、夕方からその芳香は、さらに濃密になる。これは、受粉のため、夜行性の蛾などを誘引するためだという。この季節、夕方から夜の奥庭は、なにやら甘く艶めいた雰囲気になる。

また、この季節には、**蓮**の開花が始まる。蓮を愉しむために、大型の睡蓮鉢を置き、座敷からも愉しめるようにするのである。この睡蓮鉢は、外面に盛り上げ装飾を施したもので、明治期に瀬戸で輸出用に作られたものであろう。美しい造形の睡蓮鉢は、町家の奥庭に置いても映える。

紅葉を愉しむ　秋も深まると、**イロハモミジ**の紅葉が始まる。紅葉の盛りともなれば、奥の間の座敷から居ながらにして紅葉狩りを堪能できる。杉苔の上に落ちた深紅色の紅葉の葉や手水鉢の水面に浮かぶ紅葉の葉、また石組みのあちらこちらに紅葉の葉が散っている様は、京都の紅葉の名所の景色と比べても遜色のない、この季節ならではの味わいである。

落葉が始まると、今度は落ち葉の清掃作業が必要になる。ほったらかしでは、庭が美しく見えない。この期間は、観光名所では、庭師が掃除をしているので、庭園が美しく保たれているのであるが、小さな庭でも自分自身で掃除するとなると、いささかしんどい。また、モミジは成長が早く、春の芽吹きの後、剪定をしないと、枝同士が重なり合って見た目も美しくないし、害虫も発生しやすくなる。モミジに発生したイラガの毛虫に刺されて、ひどい目に遭ったことがあるが、こうした掃除や剪定作業は、紅葉を愉しむための投資であろう。

冬景を愛でる　紅葉も終わり、落葉したイロハモミジやコナラの枝だけの少し寂しい姿になると本格的な冬を迎える。冬の奥庭を少し華やいだ感じにしてくれるのは、やはり椿である。赤花の藪椿と白花の椿を植えてある。年により開花時期は異なるようであるが、早ければ十二月、遅いと二月になってやっと開花することもある。椿の花を一輪とって、この季節にふさわしい花器に生けると、冬の座敷も少し華やいだ趣になる。

奥庭の伽藍石に置かれた睡蓮鉢（七月中旬）

奥庭の紅葉（十一月下旬）

5. 京町家歳時記

――八百万の神々に祈り、守られる暮らし

家の中には、社と御札がいったいいくつあるのだろうか。町家暮らしとは、荒神さんを始め、布袋さん、火伏せの神様、お稲荷さんなど、八百万《やおよろず》の神々に祈り、神々に守られる暮らしなのである。そうした町家暮らしの出来事を四季の移ろいとともに記してみよう。

春

底冷えのする冬の生活は、春を待ち遠しくさせるようである。そのような気持ちを少し和ませてくれるのは、**椿の開花**である。椿の開花は、イロハモミジが葉を落として寂しくなった奥庭に彩りを添え、待ち遠しい春を予感させてくれる。椿が開花する頃、奥庭に目白《めじろ》や四十雀《しじゅうから》の番《つがい》がやってくる。思い思いに枝の間を飛び回り、椿の花の蜜を味わっている。

早春に、椿で知られた名所の一つ、谷の御所という別名もある尼門跡《あまもんぜき》寺院の霊鑑寺《れいかんじ》を訪れたことがあった。様々な椿の咲く境内を歩いていると、何やらほのかな香りが漂っているのに気付いた。椿は、本来芳香がないので、不思議に思っていると、山茶花《さざんか》と椿の交雑種である**匂い椿**の芳香であった。奥庭にも植えてみたが、芳香が漂うほどにはまだなっていない。

奥庭の藪椿の花（二月中旬）

三月下旬にもなると、春告げ花のカタクリが二枚の葉を出し、その中心の花弁が大きくなり、やがて華麗な薄紫色の花を咲かせる。同じ頃、ミツバツツジも薄桃色の小さな花をつける。こうして、冬の間、寂しかった奥庭が、少しずつ華やかになっていくのである。

この時期の京都は、**桜の開花**でどこでも人々が浮かれているように見える。桜に浮かれる人々といえば、絵師岩佐又兵衛の「洛中洛外図屏風」（東京国立博物館蔵）の中に、五条大橋の上で桜の枝をかざして踊り浮かれる老若男女が描かれているのを思い出す。それほどまでに、人々を熱狂させる魔力が桜にはあるのであろう。それは、在原業平《ありわらのなりひら》が詠んだ歌の中にも読み取れる。「世の中に　絶えて桜の　なかりせば　春の心は　のどけからまし」（古今和歌集）

わが家でも、春の宵には**仕出し**で、ささやかな小宴（**花宴**）を開く。京都では、かつては**仕出し文化**があり、町中に大小様々な仕出し屋があったという。その典型は、お茶屋の仕出しであろう。お茶屋での食事は、決まった仕出し屋が届けるのが決まりのようである。近所にも目につくだけでも三軒ほどの仕出し屋があるがいずれも廃業したようで、看板だけである。聞くところによると、現在、残っている仕出し屋は、お茶屋を始め、お大尽を相手にしていた高級店ばかりであるという。京都のおもてなし文化にも影が忍び寄っているのだろうか。

四月三日には、奥の間の座敷に**江戸期の雛人形**を飾る。今は三月三日に雛人形を飾るようであるが、この時期では、桃も開花しておらず、桃の節句にふさわしくない。それで、旧暦三月三日に相当するこの日に飾るのである。

江戸期の豪華な金襴をふんだんに使った享保雛《きょうほうびな》や古今雛《こきんびな》は、座敷のほのかな明るさの中に置くと、

江戸後期大型古今雛（左）と江戸中期大型享保雛を中心とした雛人形飾り（右）

艶めいてみえる。とりわけ、宵に燭台の明かりで浮かび上がる雛人形は、神々しく、神秘的にさえ見える。以前、商家の老夫人が嫁入り道具として持参した、代々伝えられてきた上手の金襴裂を着せた享保雛を見せてもらったことがあるが、ほの暗い座敷に浮かび上がるように見えたことを思い出す。それほどまでにほの暗い座敷に飾られた雛人形は、神々しいのである。

上巳《じょうし》の節句は、江戸幕府が祝日として定めた五節句の一つで、女子の無事な成長を祈り、祝う雛祭りとして定着したものである。雛祭りは、公家の女子の人形遊び「ひいな遊び」と邪気を祓う神の形代《かたしろ》や自身の汚れを人《ひと》形《がた》に移して川や海に流す古くからある風習が融合して生まれたといわれる（是澤 二〇〇八）。子供達が楽しむ雛祭りも、一面では、神への信仰の表れなのである。

いつ頃だったか、京都にある老舗の古人形店を訪ね、飾られていた江戸期の雛人形のことを質問したことがあった。老主人は、その人形のことではなく、京都国立博物館や嵯峨野にある人形博物館の人形のことをあれこれと話すのであった。どうも質問と答えがかみ合わないことになってしまったが、これは、いわゆる京都人、というより京都の商売人の〝よそさん〟

稲荷大神を祀る社

に対するイケズであると後になって気づいた。私に買う気がないと見抜いた老主人が、やんわりと売る気がないことを伝えていたのであろう。

　四月二十日から、**伏見稲荷大社の神幸祭**（稲荷祭）が行われる。九条周辺は、伏見稲荷大社の氏子区域になっており、この町家にあった稲荷大神を祀る檜製の立派な社を受け継いだので、当家は、商売はしていないが氏子である。伏見稲荷大社から御輿が巡幸して、西九条にある御旅所に納められ、五月三日には、大社へ還幸するのである。このあたりは、五基の御輿の内、四ノ大神の御輿が巡幸する。この御輿は、十六弁菊文が飾られた重厚な造りで、京都市中で一番重い御輿であるという。このためか、担がれるのは要所だけで、後は台車に乗せられて移動している。祇園祭の御輿巡幸と比べると、遥かに少ない人数である。これには担ぎ手の減少と高齢化も関係しているのであろう。祭りの期間、門口に建てた竿に提灯を吊して御輿の巡幸を迎えるのである。地域によっては、提灯に書き入れる紋が決まっているようであるが、当地では、「御神燈」の他に、各家の家名と家紋である。こうした習わしも、様々な理由から現在は少なくなっているようである。

夏

五月五日の端午《たんご》の節句には、わが家では、兜や太刀、武者人形ではなく、**鯉の置物**を飾る。中国の故事では、龍門という急流を登り切った鯉はやがて龍になるという（登龍門）。転じて、立身出世のための関門という意味であり、子供の成長と出世を願って建てる鯉幟《こいのぼり》の元になっている。祇園祭の山の一つ、「鯉山」は、登龍門を主題にした飾りである。鯉山の側面を飾る十七世紀に織られたベルギー製のタペストリー（重要文化財）は、江戸幕府から、京都の豪商の手を経て、鯉山を飾ることになった来歴が最近明らかになったようである。

祇園祭というと、山と鉾の華麗な巡行を思い出すが、これらは、八坂神社（明治以前は祇園社）の正式な祭礼ではなく、山鉾町の、いわば自主的な巡行である。最近の研究では、山鉾巡行が町衆の主宰する行事の色彩を強めるのは、十六世紀半ば頃という。三基の御輿の巡幸（渡御）が八坂神社の正式な祭礼である。この九条あたりは、祇園祭と直接関係はないが、今年も鯉山のちまき（疫病除け）を門口に飾っている。

京都の夏の風物詩は、今も昔も変わらぬ鴨川の**納涼床**《のうりょうゆか》であろう（山田 二〇一二）。二条から五条にかけての鴨川右岸沿いの料亭がこの時期から九月まで鴨川の西側の水路上にせり出す形で床を出し、露天で料理を提供するのである。江戸時代の納涼床は、もっと川縁に造られたようであるが、確かに、

加納晴雲（二代）作「双鯉置物」

鴨川沿いに床が並んだ景色は、京都の夏の独特の風情を醸し出している。見た目も涼しげであるが、風に吹かれて、雨の心配もせずに気持ちよく飲食できるのは、実は五月下旬頃である。いつぞや、その頃に床を楽しもうとしていたが、諸般の事情で梅雨明けになってしまったことがあった。梅雨明けの暑い夕刻の床は、外から見たら涼しげなのであろうが、蒸し暑く、大汗をかきながら、自嘲気味に生ビールを飲んだことを思い出す。京都の奥座敷ともいわれる貴船の川床《かわどこ》へも出かけたことがある。こちらは、「ゆか」ではなく、「とこ」と呼ぶが、文字通り渓流の上に床が造られていて、盛夏でも涼しく、まさに納涼を満喫できる。

　六月になると、**建具替え**を行い、これまでの障子と襖から御簾《みす》に替える。これが**夏の室礼《しつらえ》**である。座敷に御簾が吊されると、いかにも涼しげな風情を醸し出す。実際に風もよく通るようになる。

奥の間の夏の室礼

　梅雨時の苔の美しさは格別で、それを眺めていると幽玄の世界へ導かれる。こうした苔が表す静寂な世界を藤原定家は「立ちかへり　思ふこそなほ　かなしけれ　名は残るなる　苔の行方《ゆくえ》よ」（御室五十首）と詠んでいる。苔の行方とは、死後の静寂な世界のことである。

　庭に残されていた植木鉢の中に、横に水抜き穴の開いた変わった鉢があった。調べてみると、それは、**カジカガエル**の鳴き声を愛でるための**カジカ鉢**であった。江戸時代から、カジカガエルの鳥のさえずりのような美しい鳴き声を愛でるための風雅な趣味があったようである。子供の頃、天秤棒やリヤカーで、独特の節回しの「きんぎょえー、きんぎょ」と呼びながら、振売《ふりうり》していた金魚売りの様子を憶えているが、カジカ売りも独特の振売の節回しで売り歩いていたのであろうか。カジカ鉢は、木の栓で穴をふさぎ、水を少し入れ、上に金網を被せて使うのである。カエルは、生き餌しか食べないので、魚のはらわたなどを入れておき、そこに集まるハエを餌としていたのであろう。

　カジカガエルを飼ってみたところ、カエルの声とは思えない、美しい鳴き声を堪能することが出来た。この鳴き声は、繁殖期の雄の求愛歌であり、初夏から盛夏頃にさかんに聞かれる。越冬させて、今年も歌声を期待していたが、老成したためか、あまり鳴かない。やはり求愛は若輩ならではのものなのであろう。わが身に引き寄せてしばし感慨にふける。

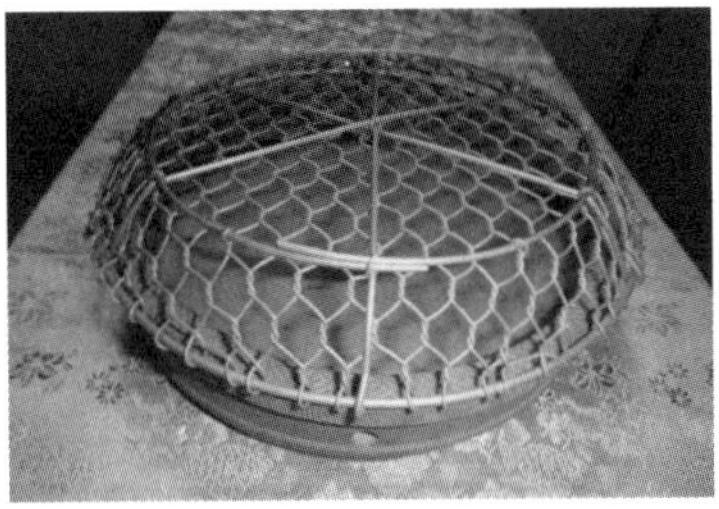
鉢の横に水抜き穴のあるカジカ鉢

渡月橋から見る精霊流しと大文字送り火

　八月十六日は、京都では、京都盆地を取り囲む五つの山で、**五山の送り火**が行われる。昨年、亡くなって久しい両親のために、改めて嵐山で精霊流《しょうりょうなが》しを行い、渡月橋の上から流れゆく灯籠の光の列の遥か先に大文字が赤々と燃えているのを眺めていた。京都に越してきて、初めての精霊送りであり、感慨ひとしおであった。

京都では、旧暦七月二十四日に、**地蔵盆**《じぞうぼん》が行われる。これは、地域の路傍にある、小さな祠《ほこら》に祀られた地蔵菩薩《じぞうぼさつ》の縁日である。地蔵菩薩は、子供達の守り神として信仰されているので、子供達が祠の前で参詣する。地蔵盆は子供達が主役である。お参りした後は、福引きで、様々な景品をもらうのが楽しみのようである。地域によっては、僧侶の読経の中、子供達が大きな数珠を順々に送る「数珠回し」を行うようであるが、当地では、以前は行っていたとのことであるが、現在は行っていない。これは、多分に子供が少なくなっていることの影響であろう。

秋

九月に入ると、奥庭で、**藤袴**《ふじばかま》の開花が始まる。花は小さな散房状の薄紫色で、素朴な味わいがある。藤袴は、秋の七草のひとつであり、『万葉集』にも歌われ、『源氏物語』の藤袴にも「おなじ野の　露にやつるる藤袴　あはれはかけよ　かごとばかりも」と詠われている。藤袴は、京都市内で見かけることは希で、準絶滅危惧種に分類されているが、十数年前に西京区大原野で自生しているのが発見され、それをもとに、京都市内で増やそうという新たなプロジェクトが始まっている。二〇一五年十月には、鉢植えにして育てられた藤袴を御所南の寺町通り沿いに展示する「藤袴アベニューてらまち」が開催され、濃厚な芳香とそれに集まる蝶が乱舞する様を愉しむことができた。

葉月十五夜は、新暦では九月で、**中秋の名月**として月を愛でる風習が古くからある。寺院では、観《かん》月会《げつえ》という行事が行われる。嵯峨天皇ゆかりの寺院で、嵯峨御所とも呼ばれた京都の嵯峨野大覚寺で

作者不詳「三十六歌仙絵詞　源信明朝臣」江戸時代

は、大沢池に龍頭鷁首《げきす》舟を浮かべ、水面に映る名月をめでる観月の夕べが行われる。これは、天空にある名月より、水面に映る名月（禅宗では、水面の名月は、悟りの象徴である）を愛でるという、月と水がおりなす風雅な観月会である。観光名所の一つ銀閣寺は、東向きに建てられており、月を愛でるための建物であるという見方がある。そして、銀閣寺の錦鏡池《きんきょうち》と白砂の庭（銀沙灘《ぎんしゃだん》）は、それぞれ月を映す仕掛けであるという。また、京都の西部にある桂離宮も八条宮家が観月のために造った別邸である。こうした事例を思い起こすたびに、これほどまでの月に対する日本人の深い思いに感嘆する。そうした心情は、三十六歌仙の一人源信明《みなもとのさねあきら》にも詠まれている。「あたら夜の　月と花とを　同じくは　あはれ知れらむ　人に見せばや」（後撰和歌集）。

京都ではないが、西の京の唐招提寺の観月会に出かけたことがある。名月の下、金堂の扉が開かれ、ライトアップされた盧舎那仏坐像《るしゃなぶつざぞう》を始め、薬師如来立像《やくしにょらいりゅうぞう》と千手観音立像《せんじゅかんのんりゅうぞう》が浮かび上がる様は、感動の一言である。一方、わが町家の火袋の高窓を見上げると、そこには天空に昇った名月が見える。火袋の高窓は、観月のために造られた訳ではないが、こちらの火袋から見上げる小さな名月も一興である。

縁側に月見の飾りとして、ススキとリンドウを花器に生け、月見団子と里芋を供える。京都では、中秋の名月を**芋名月**《いもめいげつ》ともいい、きぬかつぎを食するのである。きぬかつぎとは、ゆでた里芋の上部の皮をむいて、塩を振り食べるこの季節ならではの料理である。一部に皮のついた里芋の状態を平安時代の女性の衣裳の「衣被き《きぬかず》」になぞらえて名付けたものという。

この季節、夜のとばりが下りると、奥庭は、エンマコオロギやその他の名前は定かではない**虫達の鳴き声**に包まれる。『源氏物語』の鈴虫には、光源氏が女三宮の住む六条院邸の庭の一部を野原のように作らせ、そこに鈴虫を放ち、野の風情を愉しんだという話が出てくる。これを思い出して、奥庭に鈴虫を放してみた。最初の夜こそ、光源氏や女三宮が愛でたでように鈴虫の音を愉しめたのであるが、その後は鳴き声が聞こえなくなってしまった。考えてみれば、庭で、ヤモリやカナヘビ、ニホントカゲなどの姿を見かけていたので、当然のことなのかもしれない。こうならないように、**虫籠**に入れて鳴き声を愛でるのも一興であろう。江戸時代には、一本の竹を裂き、これらを編み込んで作る虫籠を枕元に置き虫の鳴き声を愉しんだという。茶席では、これを花器に見立てて、花を生けて床飾りとしている。

九月下旬には、**建具替え**ではずした障子や襖を座敷に戻す。そうすると、夏の室礼から**冬の室礼**へと変化する。それに合わせて、座敷飾りも秋・冬にふさわしいものにするのである。

十月には、西八条にある**六孫王神社《ろくそんのうじんじゃ》の祭礼**（宝永祭《ほうえいさい》）が行われ、神輿が八条通から九条通を通り、旧千本通を巡幸する。六孫王神社は、現在の本殿、拝殿などの建物が江戸中期の建築で、さほど古くはないが、清和天皇の系統

火袋の高窓から見える天空の名月

の皇子（六孫王）を祖として平安中期に創建されたという。当地は、六孫王神社の氏子地域でもあるので、六孫王神社の氏子にもなっている。

秋も深まれば、イロハモミジの紅葉やコナラの黄葉が楽しめる。さほど広くない奥庭でも、紅葉の名所と遜色ない。むしろ毎日、居ながらにして、奥の間の座敷から葉色が緑から、刻々と変容していく様を堪能できる。これも**町家暮らしの至福の一つ**であろう。

紅葉は、桜と共に古来、人々の遊山《ゆさん》を誘うものらしい。遊山とは、本来仏教用語で、山野の美しい景色を楽しむこと、曇りない心境になることを指している。そして、紅葉の下で祝宴が開かれる（**紅葉賀**《もみじが》）。その折、紅葉を題材とした多くの歌が詠まれてきたが、遊山せずとも、この奥庭の紅葉も

秋草文銅製花器（大島如雲作）にススキとリンドウを生ける

一本の竹を裂いて編んだ虫籠を花器として使う

奥庭の紅葉（十一月中旬）

十分に歌の題材になると思う。しかし、こちらに歌を詠む心得がないのが残念である。遊山の折ではなく、紅葉を描いた屏風絵を見て「ちはやぶる　神代《かみよ》も聞かず　龍田《たつた》川《がわ》　唐紅《からくれない》に　水くくるとは」（古今和歌集）と詠んだ在原業平にはなれずとも、このささやかな奥庭は、一人眺めて時の移ろいを感じたり、気心の知れた友人達を招いて宴を楽しんだりするには、それなりに役立ってくれている。

冬

冷たい空気の早朝、門口に立つと、凛とした**東寺の南門と五重塔**が間近に見える。九条大宮から見ると、五重塔は、圧倒される大きさである。また、夜間ライトアップされると一段と重厚さを増す。この五重塔は、江戸時代の再建であるが、南門は、明治中期に、京都国立博物館建設のため撤去された三十三間堂の西門を移築したもので、桃山時代のものという。

東寺では、弘法大師の命日に当たる毎月二十一日に御影供《みえいく》が営まれる。境内では、弘法さんとも呼ばれる**弘法市**《こうぼういち》が開かれ、たくさんの露店が出る。師走の弘法市は、特に、**終**《しま》**い弘法**《こうぼう》、新年の最初の弘法市は、**初弘法**《はつこうぼう》と呼ばれる。当日は、ＪＲ京都駅や近鉄東寺駅から東寺に向かう人の流れができるほど、大勢の参拝者で賑わう。この露店の中には、かなりの数の骨董を扱う店があり、骨董品を見つける楽しみもある。

新年は、東寺に初詣に行くが、**除夜の鐘**は聞こえてこない。九条通の喧噪にかき消されているのかもしれないが残念である。その後、六孫王神社と伏見稲荷大社へもお参りする。

京都の正月飾りは、門口に**根引松**という根付きの若松を一対にして飾る。また、正月に迎える年神

雪の舞う門口の正月飾りと座敷の正月飾り

赤地金唐草文の器を使った祝い膳

様を祀る**注連縄**《しめなわ》も飾る。座敷には、鏡餅と一緒に、日陰蔓《ひかげのかずら》を使った飾り付けをする。これは、**加慶**《かけ》**蓬莱**《ほうらい》と呼ばれ、長寿延命を表しているという。日陰蔓が使われるのは、常緑であり、蔓のように長く伸びていること、さらに、『古事記』に出てくる、天照大《あまてらすおお》神《みかみ》の籠もった天岩戸を開かせた天鈿女命《あまのうずめのみこと》の頭を飾っていたおめでたいものと考えられるからという。

正月の祝い膳には、**盛期古伊万里**の器、特に、色絵の器が華やかなハレの日にふさわしい。十七世紀前半に肥前有田で始まった磁器生産は、十八世紀初め頃には、中国の景徳鎮に肩を並べる程の技術的・芸術的頂点を迎えたが、この時期に生産された磁器を盛期古伊万里という。伊万里（または今利）という名前は、有田の隣の伊万里港から製品が積み出されたことによる。これらの器は、出自が食器とはいえ、三百年前後の時間を経て現代に伝えられてきたものなので、正月のような特別な祝い膳に供するのにふさわしいと思う。

ここで使っているのは、金襴手《きんらんで》と呼ばれる、色絵に金彩を施した華やかな赤地金唐草文の器と金蒔絵を施したお重（漆器）である。夏季には、色絵よりも、涼感を生む藍色の染め付けの器を使うが、町家の座敷にしっくりとなじむ**盛期古伊万里の器と金蒔絵の漆器を特別な日に使い、愛でるのも町家暮らしの愉しみの一つ**であろう。

京都では、六ヶ所の花街（上七軒、祇園甲部、祇園東、先斗町、宮川町、それに島原）が維持され、芸妓や舞妓、お茶屋が現役で機能している。**お茶屋のお座敷遊び**は、粋で通な粋人でなければ立ち入れない領域である。一見さんお断りの世界である。なぜ一見さんお断りなのか。これには、代金後払いのため、客とお茶屋との信頼関係がない一見さんは、受け入れがたいということのようである。そういえば、いつぞや、京都の小料理屋で食事をしていたら、先客の老婦人が店主と会話している内容が聞こえてきた。それは、五月頃のことであったと思うが「すんまへんなあ。お正月のおせちのお代まだ払うてませんでしたなあ」。ことほどさようなのである。最近では、粋人でなくとも、お茶屋遊びの体験が出来る観光コースもある。この体験コースが〝ほんまもん〟かどうかは、窺い知れないが、興味はそそられる。

お茶屋の座敷遊びの一つに**投扇興**《とうせんきょう》という遊びがある。投扇興という遊びは、古くは江戸時代からある、客と芸妓または舞妓の二人が対戦するゲームの一種である。桐箱の台である「箱枕」に立てられた、胡蝶に見立てた「蝶」と呼ばれる的に向かって扇を投げ、その扇、胡蝶、箱枕によって作られる

投扇興一式

奥庭の雪景と二階廊下から見下ろした奥庭の雪景

形を『源氏物語』になぞらえた点数表にそって採点し、その得点を競うのである。一メートルほどの距離から、いわば箱枕に憩える胡蝶を追いやるように扇を投げるという、まことに風雅な遊びである。点数表を見て判断するのであるが、慣れないと難しい。あまり厳密に考えずに、ハレの日に座敷で行う余興と考えればよいであろう。奥の間の座敷は、このような遊びをするのにふさわしい空間なのだから。

「金閣寺に降雪も東寺に雪なし」といっても、一度や二度は降雪もある。降雪の早朝や夜に見る**奥庭の雪景色**は、それは普段見ることのない特別な風情である。それもわずかな時間で積もり消えてゆく。こうしたときは、床の間にも「雪中美人図」や雪まろばし（雪転がし）で知られた「源氏物語槿《あさがお》図」を掛けて、内と外で雪の景色を愉しむのである。二〇一五年正月は、大雪で、当地でも二〇センチほどの積雪になり、門口の除雪をするという思いもしなかった事態になったが、それはそれで、奥庭に降り積もった雪景色は格別のものであった。

作者不詳「雪中美人図」江戸時代

『源氏物語』の朝顔の「夜の庭の雪まろばし」に、光源氏が冬の夜の月と雪こそすばらしいものだと述べる場面がある。光源氏は、「人の心を移すめる花紅葉の盛りよりも、冬の夜の澄める月に、雪の光りあひたる空こそ、あやしう、色なきものの、身にしみて、この世のほかのことまで思い流され、おもしろさもあわれさも、残らぬ折なれ」といって、御簾を巻き上げさせて、童女らに雪まろばしをさせるのである。感性の極致、「おもしろさもあわれさも、残らぬ」とまでいわせるほどに、月と雪とは特別なものなのである。

〈引用文献〉

伊藤正人「まちづくり：人の行動心理まず考えて」私の視点　六月二十三日付け朝刊　朝日新聞社　二〇〇四

伊藤正人『行動と学習の心理学：日常生活を理解する』昭和堂　二〇〇五

伊藤正人「住んでこその価値と魅力─京町家を楽しむ」関西スクエア会報　九月号　朝日新聞社　二〇一四

Ito, M. A renovation of traditional urban house (machiya) of Kyoto and a lifestyle of the city-dweller from a standpoint of behavioral architecture: Toward an integration of behavior analysis and architecture. 2015. Paper presented at the eighth Conference of the Association of Behavior Analysis International (Kyoto).

伊藤正人「次々に解体される町家：京都の景観の危機的状況」関西スクエア会報　三月号　朝日新聞社　二〇一六

江口久美「防空壕調査成果資料」二〇一六

小沢正樹『鍾馗さんを探せ!!：京都の屋根のちいさな守り神』淡交社　二〇一二

大人の満足ＢＯＯＫ『京の町家小路散歩』るるぶ社　二〇〇三

鴨長明『方丈記』岩波文庫　一九八九

京都市「京町家再生プラン：くらし・空間・まち」二〇〇〇

京都市・京都市景観・まちづくりセンター・立命館大学「平成二〇・二一年度「京町家まちづくり調査」記録集」二〇一一

京都市景観・まちづくりセンター　ニュースレター「京まち工房」六十五号　二〇一三

京都市景観・まちづくりセンター　ニュースレター「京まち工房」六十八号　二〇一四

京町家作事組　『町家再生の技と知恵：京町家のしくみと改修の手引き』学芸出版社　二〇〇二
京町家作事組　『町家再生の創意と工夫：実例にみる改修の作法と手順』学芸出版社　二〇〇五
是澤博昭　『日本人形の美：伝統から近代まで、浅原コレクションの世界』淡交社　二〇〇八
杉本節子　『京町家・杉本家の献立帳：旨いおかずの暦』小学館　二〇〇八
高橋昌明　『京都千年の都の歴史』岩波新書　二〇一四
谷崎潤一郎　「隠翳礼讃」『谷崎潤一郎随筆集』岩波文庫　一九八五
橋本帰一　『京都民家巡礼』東京堂出版　一九九四
降幡廣信　『民家再生の設計手法』彰国社　一九九七
紫式部　『源氏物語』角川ソフィア文庫
森谷尅久　『京都を楽しむ地名・歴史事典』ＰＨＰ文庫　二〇一一
山田和人　「祇園・鴨川・四条界隈逍遙記」同志社大学京都観学研究会（編）『大学的京都ガイド：こだわりの歩き方』昭和堂　二〇一二

あとがき

町家ブームが現在も続いているといわれるが、その多くは、東京などの大資本が町家を改修してレストランやカフェ、あるいは宿泊施設として再生する町家ビジネスである。これも町家再生・保全の一つであろうが、一方で、なお毎年一、〇〇〇軒ほどの町家が解体され、消滅している現実がある。町家の保全は、居住者が改修して住み続けることが基本であると思う。そうした思いを込めて、本書では、町家の保全とは、建物の保存だけにあるのではなく、そこでの暮らしこそが最良の保全であるということを述べてきた。暮らし方の中に見いだす町家の魅力と価値が本書を通して読者に少しでも伝えられたらこんなにうれしいことはない。

勿論、町家の愉しみ方は、ここで述べたことに限られるわけではない。他にも京町家の愉しみ方は様々にあろう。例えば、京都の市中の東西南北の通を歩けば、あちらこちらで町家に出会う。それらの町家は、それぞれの年輪を重ねて今に至っており、その年輪が町家の外観に様々な形で反映されている。また、上七軒などの花街を歩けば、花街特有の街並みと雰囲気を味わうことができる。町家のガイドブック、例えば、『京の町家小路散歩』を持って、様々な年輪を重ねてきた町家を巡りながら見て愉しむことも出来るであろう。また、町家の暮らしの体験として、京都では「おばんざい」と呼ぶ日常的食事の献立、例えば、『京町家・杉本家の献立帳：旨いおかずの暦』を見て作ってみるのも良いであろう。「おばんざい」という言い方は最近定着した言葉のようであるが、こうした「おばんざい」を調理し、食することから町家暮らしの一端に思いをはせることが出来る。

こうした様々な愉しみ方を通して町家の魅力と価値が実感され、多くの人達に共有されることは、今後の京町家の再生と保全の大きな支えとなると思う。町家の魅力と価値を共有する人たちのネットワークが今後さらに広がっていくことを願っている。

最後に、本書の刊行にあたり、増田聡准教授を始め、これまで「人文選書」に関わってこられた文学研究科の先生方、並びに和泉書院の廣橋研三氏に大変お世話になった。改めて御礼申し上げる。

◇著者紹介

伊藤正人（いとう まさと）

1948年生まれ

1982年3月　慶應義塾大学大学院社会学研究科博士課程修了

文学博士

現在　大阪市立大学名誉教授

この間、カリフォルニア大学サンジェゴ校訪問教授（1982～1983）。京都大学霊長類研究所共同利用研究員（1989～1990）。Journal of the Experimental Analysis of Behavior 編集委員（1990～1993）などを努める。日本心理学会研究奨励賞受賞（1992）

専攻　学習心理学、行動分析学

著書　『行動と学習の心理学：日常生活を理解する』昭和堂（単著）2005

『心理学研究法入門：行動研究のための研究計画とデータ解析』昭和堂（単著）2006

『現代心理学：行動から見る心の探究』昭和堂（共著）2013

人文学のフロンティア
大阪市立大学人文選書　7

京町家を愉しむ
――行動建築学から見る町家の再生と暮らし――

2016年10月31日　初版第1刷発行

著　者　伊藤正人

発行者　廣橋研三

発行所　和泉書院

大阪市天王寺区上之宮町7-6（〒543-0037）

電話 06-6771-1467／振替 00970-8-15043

印刷・製本　遊文舎

ISBN978-4-7576-0814-6 C0352

大阪市立大学人文選書

（価格は税別）

1 増田繁夫著　源氏物語の人々の思想・倫理　一八〇〇円

2 栄原永遠男著　万葉歌木簡を追う　一八〇〇円

3 井上浩一著　私もできる西洋史研究　仮想《バーチャル》大学に学ぶ　一八〇〇円

4 中川眞著　アートの力　一八〇〇円

5 小田中章浩著　モダンドラマの冒険　一八〇〇円

6 中才敏郎著　ヒュームの人と思想　宗教と哲学の間で　一六〇〇円

―和泉書院―